图解 **精益制造**037

成本减半

コストは、必ず半減できる

［日］三木博幸 著　　赵晓明 译

人民东方出版传媒
People's Oriental Publishing & Media
东方出版社
The Oriental Press

图书在版编目（CIP）数据

（精益制造；37）成本减半 /（日）三木博幸 著；赵晓明 译 .
—北京：东方出版社，2016.8
ISBN 978-7-5060-9165-7

Ⅰ. ①成⋯　Ⅱ. ①三⋯　②赵⋯　Ⅲ. ①制造工业－工业企业管理－成本管理
Ⅳ. ① F407.406.72

中国版本图书馆 CIP 数据核字（2016）第 205901 号

本书中文简体字版权由北京汉和文化传播有限公司代理
中文简体字版专有权属东方出版社
著作权合同登记号 图字：01-2016-0864

精益制造 037：成本减半
（ JINGYIZHIZAO 037: CHENGBEN JIANBAN ）

作　　者：［日］三木博幸
译　　者：赵晓明
责任编辑：崔雁行　高琛倩　王高婷
出　　版：东方出版社
发　　行：人民东方出版传媒有限公司
地　　址：北京市东城区朝阳门内大街 166 号
邮　　编：100010
印　　刷：北京文昌阁彩色印刷有限责任公司
版　　次：2016 年 10 月第 1 版
印　　次：2025 年 4 月第 7 次印刷
开　　本：880 毫米 ×1230 毫米　1/32
印　　张：6
字　　数：135 千字
书　　号：ISBN 978-7-5060-9165-7
定　　价：38.00 元
发行电话：（010）85924663　85924644　85924641

目 录
Contents

前　言

我曾读过一篇文章，是关于产品制造原点的阐述。文章选取自丰田章一郎所著《我的履历》中的一节，刊登于2014年4月8日出版的日本经济报。

丰田先生的父亲喜一郎先生于1929年赴欧美出差时，亲身体会到汽车行业市场的强大，因此决定进军汽车领域，于是立马购入一台雪佛兰并将其拆卸，将所有零件都按照原尺寸大小制成图纸。

而松下幸之助说过的一段话也给我留下了深刻印象，同样也节取自丰田先生《我的履历》中的一节，刊登于4月16日。

"我一直希望将成本降低3%或5%，却屡屡失败。

在这种情况下，同时在贸易自由化的影响下，石田（退三）先生（原丰田汽车工业社长）对我提出希望能够将零件的价格降低30%的建议。于是我一切从头再来，从设计开始重新审视、制作，最终实现了成本降低的目标。不但如此，利润还比原来更上了一个台阶。"

承蒙各位厚爱选读拙作。各位看到结尾时就会明白，以上两段话与我平日对开发人员进行指导时所说所做毫无二致。我认为，诚心学习优秀前辈的作品以及彻底地重新审视过去的工作方式，正是"产品制造最基本的姿态"。

尤其是我想重点强调的一点：正如本书阐述的一样，在产品的开发现场，"成本减半"的余地仍然很大。只要全体人员学习我从长达半个世纪的开发现场所得经验中精炼出的方法，并能将其实践运用，就一定能够实现成本减半。同时，成本减半也体现了以顾客为本的准则，是制造企业为了提高产品机能、性能、品质而进行的努力。

我所认为的"产品制造"，即不断追求对于顾客来说最合理的产品，凝聚全体开发人员的智慧，以实现制作出堪称业界第一的产品为目标。因此，我希望能够做到连顾客中"沉默的心声"都能实现，于是执笔本书。作为制造企业，最为重要的"开发力 & 设计力"其精髓和奥妙就在此了。

看图纸，成本减半

"成本减半"适用于所有开发现场吗

　　我于 2000 年春离开了奋斗 45 年的久保田机械公司，以经营顾问的身份自立门户。之后的 5 年时间里，有幸得到众多企业人士的信任，每天马不停蹄地东奔西走。常常是今天还在日本的东北地区，明天就飞到了九州。出国机会也很多，其中以英国、美国为主。就像那句俗话说的，凳子还没坐热就走了。

　　工作的主要内容就是奔赴各家制造企业的开发现场，与设计者一同打开产品构造图，进行实地指导以期降低成本。指导期间，我在制造企业、各地商工会议所的聚集地，以经营者或技术开发人员为对象，列举一些降低成本的相关案例，同时跟他们相互交流。

但是，实际上一开始我接到委托，要去应对那些与我一直以来熟悉的领域完全不搭边的产品时，心里非常不安。

我所积累的关于成本降低的知识，都是在久保田时代从事农业机械产品工作期间从开发现场学到的，比如耕地机、插秧机、拖拉机、联合收割机等。即便销售额未涨，只靠降低成本就能获得利润，或者通过大幅降低成本开发新产品，成功将赤字转为盈余。虽然从实绩来看，这些方面我是自信满满的，但这些知识在自己未曾涉及的开发现场是否适用呢？我怀揣着这种不安，迈进了未知的领域。

当我真正看到产品和图纸并仔细观察后发现，实际上这与我在久保田工作时所面对的，基本上都是同一课题——找到浪费之山并搬走它。

宇宙火箭、核能相关机器、集成电路圆片、大型印刷机、大型系统家具、火葬设备、MRI & CT 医疗机器、X 线 & 激光精密测定仪、食品加工机、汽车类机器、搬运机、油压机，甚至打印复合机、笔记本电脑、液晶屏手机等，从传统的制造业制作的 RETEL 制品，到凝结了 IT 技术精髓的高技术产品，从小型轻巧的产品到被称为大型设备的机械，在所有的开发现场中都存在着同样的问题。

应该说，对于这个事实，我反而万分惊讶。至今我通过农业机械开发积累起来的成本降低的方法，没想到竟然也能适用于所有的产品开发现场。越深入各类现场，对这个想法我就越有深切的感悟。

扭转赤字之①——拖拉机、插秧机

通过技术指导降低成本，促使我将此作为人生中第二个决意付诸努力的工作的契机发生在久保田时代。在久保田工作的最后十年时间里，我一直从事的就是扭转赤字的工作。

首先，1993 年 1 月我被委派负责重振小型拖拉机的事业。这项事业在当时的销售规模是每年 190 亿日元，因出口增加，日元升值（1 美元 =100 日元）导致出现 10 亿日元赤字。我的前前任、前任负责人虽然为了事业重建付诸努力，但仍然没有达到预期目标，就在这样的状态下我接棒，成为率领着 20 名员工的开发团队的项目负责人。

我提出的基本计划是，变速时不需要操作离合器，以开发油压式无段变速器为主打，该变速器也被称为 HST（Hydro Static Transmission），以此获取了领导层的认可。另外，考虑到前任负责人们失败的原因之一就是疏于对下属的教导以致整个团队开发能力弱化，于是我着手强化现场的教学，努力让全体下属朝着同一个方向前进。

"产品制造""发掘 IP""CD100 日元提案"等关于现场教学的内容，本书会在后文中做详细介绍。从结果来看，我们制作的试用机符合开发目标，在经历多番测试后完工并最终投产，接着就以北美市场为首站开始销售。市场反馈越来越好，该事业也很幸运地在研发开始后两年九个月的时间里赤字转盈利，恢复了正常运营。从数字上看，1996 年销售额为 188 亿日元，虽然比三年前要少，但仍然是黑字，盈利约九亿日元（只不过，之后这款拖拉机发生了"重大投诉"事件，对我来说真是有苦说不出。这件事后面会有详述）。

接着从 1997 年 8 月开始我又开始了耕地机的重振事业。当时耕地机事业的规模是每年销售额 160 亿日元，约有 8 亿日元赤字。根据日本政府缩减农耕面积的政策，市场情况越来越严峻，重振任务迫在眉睫。

因为二十多岁开发过耕地机，有经验的我很快就被委任为部门负责人，之后我便开始了大刀阔斧的重振工作。开发部共有员工 70 名，虽然员工士气低落、开发环境恶劣让我备感郁闷，但我也意识到将拖拉机事业重振经验应用于该工作才是捷径，于是我决定采取相同的教学方法。

另外，在耕地机中枢的传送带上，我放弃了一直以来由离合器操作传动装置的方式，将其全部替换成为拖拉机开发阶段所的无段变速 HST。开发人员中的部分行家，曾有过因 HST 导致机器功率恶化的失败经历，所以提出了反对意见。但只过了一周，老年人使用频率较高、操作性能良好的 HST 就已然成为耕地机作业的支柱了。

结果超出了产品开发计划预期。销售额达 13 亿日元，利润获得 4 亿多日元。在此期间，1997 年市场份额由原来的 22% 上升到 45%。虽然市场规模大幅缩减，但总算在三年半内实现了事业重振，并且这款耕地机还荣获了优良设计奖。

扭转赤字之②——自动售货机、净化槽、空调机

之后，从 2000 年开始的三年间，我投入到自动售货机的重振事业中。虽然自动售货机的年销售额差不多有 175 亿日元，但 1989 年自动售货机专用工厂在茨城县龙琦市开建后，就一直被讽刺为"万年赤字行业"，2000 年时的赤字超过了 14 亿日元。

此时，我做出保证，要在三年时间里扭亏为盈。3 月，我以自动售货机技术部部长身份单身赴任。员工总共 118 人，是我率领过的团队中下属人数最多的一支。4 月，公布了开发方针，

最开始着手进行的是对组织的全面改变。将一直以来的按机能划分的组织更改为按产品划分，重组为根据产品划分开发项目的体制。

我把曾用于重振拖拉机及耕地机事业中的现场教学应用到了自动售货机重振事业中。最终在预期的三年内实现了扭亏为盈。虽然2003年的销售额减少到只有之前的一半金额，即98亿日元，利润也只有很少的3 000万日元，但仍然做到了转亏为盈。该产品还荣获了优良设计奖。而且，售货机的开发技术也受到其他公司的追捧，比如自动售烟机就获得了竞争对手的青睐，纷纷抛来橄榄枝请我们提供该款设备主要组装部分的设计图等。

我在2004年被委派前去久保田下属的负责机械设计的公司工作。虽然脱离了自动售货机生产现场，但在那之后售货机的销售额持续盈利，2006年更是创下了200亿日元的销售额度，利润达到20亿日元。

另外，2003年还在努力进行自动售货机事业重振的我，得到了上司的指示。因为滋贺工厂的净化槽行业出现赤字，委派我从龙琦市回来的时候顺便去看看。于是9月和10月我拜访了滋贺工厂。在听取了净化槽行业的概况、对现有产品进行了细致调查之后，我发现了许多的问题。然后我便开始了对净化槽的技术指导，指导频率是一个月两次。

最终，经过两年半的时间试用机终于完成了。最初设定的预期目标是零件数减少 50%，成本削减 30%，而结果实现了零件数削减 64%，成本削减 22%（由于金属产品折旧费超出预期目标，故未实现）。这对事业的改善起到了很大的作用。

2004 年就任久保田机械设计公司社长的时候，上司又指派给我另外一个工作，让我去拜访位于宇都宫的空调事业部。据说那里"销售额 90 亿日元，从业人员 300 人，但累积赤字高达 88 亿。可以说业不成业"。我马上在 5 月赶到该厂，在对降低成本这一课题进行调查之后，发现问题出在开发设计阶段，因为他们几乎不计成本地开发。于是我就从开发部开始进行技术指导，开展事业改革。

这次指导同样也是以一个月两次的频率进行着，在大约一年半之后，对比"零件数削减 50%、成本削减 35%"的开发目标，结果分别取得了削减 52% 和削减 36% 的成绩。这个成果离不开现场项目经理的努力。解决危机意识强、忠实并全盘接受我的指导，这样的工作态度在团队成员身上表现得淋漓尽致。

产品投产之际，已经谈妥订单，某大型工厂因其总部大楼重建需购入 150 台空调。这一切都预示了这项事业发展的良好前景。

锻炼开发人员的大脑

在拖拉机、耕地机、自动售货机的事业重建中,我明确提出了要力争申请专利数达到每个系列 200 件以上的目标(我们的开发人员将专利、实用新型、设计、商标等统称为专利),为此我们也做出了辛勤努力。

为实现扭亏为盈而进行的产品开发,必须从现状开始着手实现大革新。而做到大革新的唯一途径就是"智慧集结"。

比方说,对现有机械种类设立如下几个目标,即①零件数减半、②成本减半、③品质提升 20%。然后去探索实现这几个目标的方法。开发过程之所以最为费时,就是因为在探索方法的时候需要将设计图纸打回原形重新来过,并且要反反复复用心琢磨。专利就是在这样的开发过程中钻研而成的。

顺便说一下这些机械所取得专利的情况。小型拖拉机(X24)获得专利 34 件,通过实用新技术提案审核 145 件,通过设计认可 4 件,共计 183 件;耕地机(JC4)获得专利 113 件,实用新技术提案 118 件,通过设计认可 4 件,共计 235 件,自动售货机获得专利 251 件(包含实用新技术在内)、通过设计认可 4 件,共计 255 件。

能够取得像上述这么多专利，我们所开发的已实现了"零件减半""成本减半"的机器对市场来说，产生的冲击可谓强劲有力。这一点从竞争对手提出希望我们提供 OEM（对方的品牌）就能够看出。之前介绍的耕地机，接到了来自竞争对手 I 公司和 M 公司的订单并成功交易。自动售货机也如前面所说，我们向竞争对手提供了主要组装部分的图纸，同样拖拉机也在与竞争对手谈好协议价之后向他们提供了滤清器及制动器部分的图纸。

对如上这些持续十年以上的赤字行业进行重振时，其共通之处就是，绝不裁员。对开发现场的革新投入百分百的精力，因为变化才会产生成果。我在交流中常跟大家说的是英国生物学家达尔文说过的一句话。

"自然界生存下来的，既不是四肢最强壮的，也不是头脑最聪明的，而是有能力适应变化的物种。"

我的赤字重振事业，在当时的时代和工作环境下，最终获得了开发革新的成果。开发革新，就是锻炼开发人员的大脑。

至今，我在进行技术指导时都将开发革新的态度贯彻始终，对此我深以为傲。从产品的开发到生产、销售、售后这些制造企业的一系列的活动中，第一要素就是开发。企业是凭借"好产品"经营的一种营生。我坚持认为"产品开发部如果不强大，就做不好产品制造"。如何强化开发现场？对于这个问题，在本书中我将尽可能具体地向各位阐述。

提升全体成员的技能是关键

如前面所说，在久保田时代担任赤字事业产品开发负责人的时候，我绞尽脑汁地考虑如何在有限的时间内提升全体成员的技能，同时将他们的技能集结在一起专注于开发课题。于是，我在反复检验的过程中逐渐形成了自己独有的现场教学方法。实际案例后面还会涉及。在这里首先阐述一下作为现场教学方法之核心的方法论。

我将其称为"全员体验原则"。

做法非常简单。集合全体成员，每天拿出 15~30 分钟，由每位负责人就各自负责的课题进行阐述，然后我再对其阐述进行讲评。经过完善后，将阐述内容应用于实际中去。全体成员除了可以分组按顺序阐述，还能够参加及共享他人所阐述的内容，由此达到技能提升的效果。这就是"全员体验原则"的含义。

这一现场教学方法提高了全体成员的技能，并且统一了思想，全员都做到了以新产品开发设为目标，这对集结队伍整体的开发能力十分有效。不仅能提高经验不足的菜鸟成员的技能，对内行员工们也非常有效。当成员们为准备阐述而埋头于新课题，或者在倾听他人阐述时，他们就能够意识到，原来那些对自己来说理所当然的技能实际上已经过时或者正在走向过时。这样一来就形成了技能不断更新、重进熔炉锻炼的局面。

另外还有一点自不必说，传帮带的气象也由此而生，即经验不足的成员能够自然而然地从经验丰富的前辈那里继承技术和知识。这样一来凝结群众智慧的局面就能够长期稳定地存在，仅凭这一点就能够杜绝一些让人哭笑不得的案例发生，比如说因为不了解最常见的"量取法"操作方式而得出金属成本增加的结论等。现在，我在各类现场进行的技术指导，也基本上都是去解决这类延长线上存在的问题。

但是，我走访各处时所看到的情况是，虽然深知现场教学的重要性，但有的企业没有掌握有效方法，而是依赖狭隘的经验主义，将过时的内容进行填鸭式教育，或是公司的内部培训流于形式，只是不断重复那些浮于表面的内容。这类现场所进行的教学，往往目的不明确，而一旦确定了目的，前进方向自然而然就能确立下来。

在久保田时代积累了长达 40 年的"经验"基础上而获取的

技术知识，我是如何在短时间内传授给开发团队成员的呢？我从他们明确的目的意识开始探索现场教学，逐渐形成了现在的方法论。也就是说，"培训胜于经验"，即将实践自然而然地积累起来。

在许多现场，虽然也强调教学的重要性，但因为没有意识到"培训胜于经验"，造成了很多现场教学的尝试效果为零，只是盲目地横冲直撞。另外，无论企业大小，在"产品制造"的现场，因第二次世界大战后婴儿潮时期出生的人们大批离职，技术并未被下一代年轻人所继承，这些一针见血的说法我也是多次耳闻。

另外，我认为，这是民间企业的问题，同时从广义上讲也是与政府息息相关的老龄化社会的问题。在财政赤字背景下，特别是预测到社会保障费有上涨的可能性之后，政府会推动延长退休政策的实施，以此来减轻养老金的负担，哪怕只能减少一点点。但是，如果这一点被民间企业所利用，那么本来就处于水深火热之中的年轻人的雇用环境就会变得越发恶劣了。

"产品制造"的现场教学、从上一辈对下一辈在技术和知识上的传承中所产生的这些问题可以看出，政府、企业、每个技术人员及学生都只按照自己的想法各自为战。一盘散沙所导致的结果就是，整体观察日本这个国家，会发现它处处失和。

开发现场上的变废为宝

现在我在帮助各地工厂企业增强开发能力的时候，切实感受到日本的制造业，进一步说，"产品制造"现场正面临着各式各样的危机。经营者自不必说，从现场负责人到最基层的开发技术员应该都对此深有感触。但具体来说，这种危机感的产生应该都是因为我们自己意识到正在被外部危机施压，比如不久前的日元升值、通货紧缩、经济不景气、内需低迷、海外新兴企业发展势头猛进等。

但是，我接下来想要强调的是潜藏在自己脚下"产品制造"现场中的危机，那就是现场完全没有意识到危机存在。这并不是说可以不重视刚刚提到的那些外界因素所引发的危机。比方说，如果日元又再次升值，那么拼命得来的削减成本或提高收益的成果就会在一夜间付诸东流。我们对此心知肚明。这类危机是一种现象，在作为一家企业无法触及的地方发生然后消散。而能够采取措施比如想办法对冲汇率危机，或者寻求劳务费低廉的海外生产基地，等等，用尽招数去对应的经营姿态实在难得。

但是，过于关注上述类型的危机而忽视了自己脚下现场中摆在眼前的、未开垦的荒野——成本问题，这种情况才应称为危机。比起笼罩在外围的大危机，对日本的"产品制造"来说，意识不到脚下有危机才是潜伏着的真正的危机。以上是我的看法。

在产品制造现场思考问题的时候，首先必须认清其中的"开发·设计"和"生产·制造"。辞典上对此的注解是，所谓"开发"即启动或创办某项事业或某种产品。"设计"指将产品用图纸明确表示。而"生产"是制作出生活物资的工作，"制造"则是将原材料进行加工后使其成为产品。

不同的公司对这几个方面的理解运用有所不同，也并未将其明确区分。有的公司会把开发全新产品的部门或者改良设计现有产品的部门称为开发部，而有的公司则称之为设计部。我感觉，开发要比设计更为广义，开发部应包含设计部。

生产和制造也如上述所说没有明确区分，通常比较多的观点是生产部包括制造部。不管怎样在企业中，这两方面的工作现场都一目了然，而这两个现场则成为"产品制造"的两大主力。

我一直从事的都是"开发·设计"的技师工作。所以在诸多实际的现场所看到的那片未开垦的荒野——成本问题，指的是与开发相关的内容。具体来说，指的是产品中所包含的零件、重量、强度、构造等多余的东西。而这些东西又会衍生出材料、制作过程中的重组工序、工作人员人数增多等多余的部分。

这类产生浪费的过程，我此前一直称之为宝藏。原因是，当重新回到产品开发的起始点即设计图上来，为实现可解决浪费的"零件减半"的目标而努力设计，这之后多余的浪费之山就会成为"宝藏"。

本书中，我将针对如何将此类浪费之山变为宝藏进行阐述。进一步说，我更希望能够在如何建立充满活力的现场这方面为大家出谋划策，以推动日本的"产品制造"光芒重现。

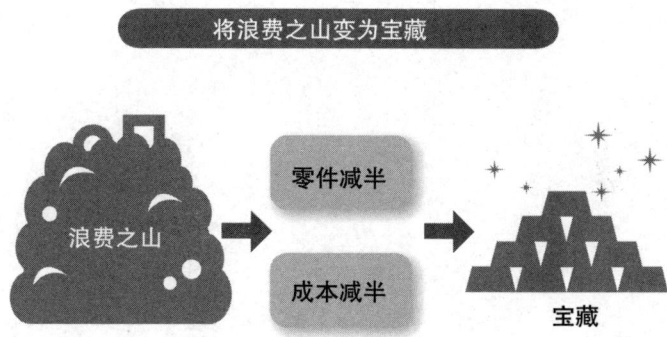

将浪费之山变为宝藏

浪费之山 → 零件减半 / 成本减半 → 宝藏

第一章

陷于困境的产品制造现场

1 经营者是问题元凶?

脱离现场的经营者

在一一列举出"产品制造"现场其本身存在的问题之前，先试想一下引发现场此类状况发生的企业通病。

首先要指出的就是，经营者不了解开发现场。但是这并非仅仅是经营者自己的问题。以我的经验来看，经营者不了解开发现场，这种状况反而是因为开发现场弥漫着"反正现场的事儿经营者层是不知道的"这样的氛围，再加上经营者本身也有问题，最终形成了这样的结果。

然后再进一步看看这类现场中产品开发的情景，关键环节全权交给负责人，开发带头人不掌握下属的实际工作。也就是说，在现场找不到大伙拧成一股绳共同致力于新产品开发的状态，而这样的情况并不在少数。

也许可以这样说，如果一家企业的经营者不了解现场，那么它的现场往往也会越来越糟糕。这样的企业无法从真正意义上解决经营课题。

　　另外我还发现，有的现场笼罩在曾经的成功光环下固步自封，迈不出开发革新产品的新步伐。那些经验丰富、有技术的开发人员较多的现场，往往会陷入这类困境中。

　　这类情况说到底就是经营者不了解自己公司产品现场存在的问题，同时又把代代相传的技术或开发方法全权交由负责人而造成的。在产品仍在销售的时候，这样做也不是什么问题。但当动荡的市场不再支持其公司业务时，产品开发落后于新生代这是毋庸置疑的。这样的情况下经营者就会不得不制定出为获得新市场支持而开展现场工作的方针了吧。

　　另外，在这样的现场中，开发人员的人事评价会主要看资历，结果就会导致上司很少自觉地去锻炼下属，或者开发团队感觉不到活力等情况的出现。

　　我在这类现场进行技术指导时，会从一开始就否定这种情况。这时我谈及的就是生物进化论。

　　即，自然界的生物会在不断自我修正的同时，为了适应环境的变化而进化，以让自己生存下去。与它们相比，人类生产出来的所谓产品凭借的是有限的智慧，只有区区十年左右的寿命，不完美是肯定的。正因为如此，制造者就必须有不断改良产品的觉悟。即便成为畅销产品，也要认清其中的潜在浪费，考虑如何能够更进一步改进和改善。

打击现场气势的经营者

之前所举的例子，都是沿用了旧终身雇用制的企业现场，但也有完全相反的情况。有的经营者则是另外一种类型，他们以能力主义、成果主义为先，尽可能削减人员，使企业瘦身以确保利润，他们有时还会直接插手现场工作。

当然，就像身先士卒重振日产汽车的卡洛斯·戈恩那样，也会在企业生死存亡关头，大刀阔斧地进行削减。

但是在久保田时代进行过多次扭亏为盈的工作而积累下的多年经验告诉我一件事，任何赤字项目必定都有可掌握的"制造技巧"。

特别是最近有些欧美流派的企业，不管三七二十一就卖掉亏损部门，反过来收购其他公司看起来颇有人脉的事业部，他们陷于如此粗野的出手再收购的闹剧中，颇为焦头烂额。这样一来，让人不得不产生怀疑，经营者难道会考虑接下来五年以内，不，三年以内的事情吗？恐怕只会考虑要在自己任期内保住业绩吧。用一句日本谚语来说就是，"不要把孩子跟洗澡水一起倒掉"（得不偿失）。

开发部和生产部利益是相左的吗？

在无成果的开发现场经常见到的就是，在公司内部力量对比中，开发部的话语权要比生产部弱。对产品制造来说，开发现场和制造现场的携手合作十分重要，这一点无须多言。

特别是为了在大幅度提高 Q（质量＝性能 × 机能 × 品质）的同时降低 C（成本），开发现场和生产现场之间相互了解对方的方向性，互相确认和共享，这样一来就会事半功倍。

但是，对于长年从事产品开发的人来说，他们认为开发现场其目光焦点及着眼点要比生产现场更有远见，并且他们觉得这一点是理所当然的。虽说根据开发主题的不同会有所不同，但一般来说开发人员的目光焦点应放在两年或三年后产品的发售阶段。在预测投入市场时的情况的同时，需要考虑如何将其做成一件受欢迎的商品。

另外，从我所积累的经验来看，在生产现场的，比起那些着眼将来的问题来说，眼前的问题才是关键。比如降低不良品率，为缩短组装时间而重新审视工序步骤，或者工作人员的适当分配及安全对策等。虽然还需要考虑如何安排将来新机型的生产设备和生产线这个较为长期的问题，但实际上只要产品开发尚未进入一定阶段，就无需"真正"着手处理这个问题。

举一个我亲身经历过的生产现场案例。多种产品在一条生产线上生产即混线生产时，出现了让人出乎意料的情况。较旧产品而言本应已实现零件减半、成本减半的新产品，投入混线生产后，从生产现场计算所得的数值却显示，组装工序（时间）比旧产品增加了35%。

生产方的说法是，该新机型确实比旧机型在零件上几乎减少了一半，但因为对组装还未熟练，反而比旧机型花费了更多的组装时间。我们的开发方认为"这样愚蠢的情况是绝对不可能发生的"，于是实地验证，结果发现是生产方的误判。

这件事的间接原因是，为了实现管理层分派的任务，即每个月都要提高生产性能，而每次都会将此前假设的数值也计算在内。因为混线生产的缘故，于是前后矛盾的数值就被加到了这个新机型上。

这个例子虽然是很特殊的个案，但可以说明开发现场和生产现场的目标方向并不一定就是一致的。

一般来说，在市场竞争较激烈的行业，开发部要强于生产部。这是因为，为了在竞争中取胜，企业更需要的是依赖生产开发人员的"出谋划策"。虽然也可以期待改善生产技术产生相应效果，但作为新产品而言，其卖点是否响亮决定了在险峻市场竞争中的成败，这一点毋庸置疑。

有些公司的开发部没什么发言权而被别的部门压制，连本该有的开发也无法顺利开展，这样的事例也是随处可见。特别是同生产部联系不强的时候，对于革新产品的开发就更是举步维艰。

我走访各地工厂企业进行技术指导的时候，发现有些企业的开发部地位比生产部低，我觉得很不可思议。

68 毫米厚的板子中 40 毫米是浪费

再举一个例子吧。那是我在一家大型企业进行热交换器开发技术指导时遇到的事情。

那个产品，是一个高度约 23 米，重量达到 600 吨的巨型钢罐，外筒由厚度为 68 毫米的钢板焊接而成。

为了解该产品的设置、使用、运转等各项情况，我向工厂负责人请教了其循环、反应物体、流程、罐内压、温度分布及变化等概况，之后试着对钢罐外筒厚度进行单独的计算，得出的结果是其必要强度仅需 28 毫米。

但是，实物所使用的却是 68 毫米的钢板。之间的数值差竟然有 40 毫米。我觉得很不理解，就此询问负责人，结果他回复一句话，"这是生产要求"。

原来，在生产过程中，要将原本竖向放置的钢罐倒过来横向放置。这时需要将钢罐吊起来再放倒，这个过程中，钢罐外筒因为自重原因会有部分严重变形的危险。为了避免这个情况，所以就将外筒整体厚度变更为其数值的两倍了。

我对此很是震惊。如果这样一来产品很合算，那另当别论。但问题是该产品确实很不合算，而找到我也正是为了解决这个问题，探讨降低成本的可能性。那么对于这种情况，首先要做的当然是从加工或组装上着手，进而对物流方法进行改善，这才是上策。

默默沉睡中的 30 年前的做法

再来举一个例子。

这次发生在我对焚烧系统进行指导的时候，那是从焚烧炉到通风设备都包含在内的一体式焚烧系统的开发现场。我发现用来通风的管道连接处所使用的依然是旧款零件。使用钢板制成的管道四周的连接处密密麻麻布满了螺丝，另一侧的连接处则满是数量相当的螺孔，然后用螺帽一个一个拧紧固定。

一瞬间，我感觉就好像穿越到了30年前，不由得摇头苦笑。如此多的螺丝成本，如此多的打螺孔的成本。然后还要用螺帽把它们一个一个地拧紧固定，想想为此花费的工夫，我简直难以想象。

现在已经有了操作简单、造价低廉的好办法。我立马教给了负责的技术员。这个方法只需在管道连接处的四个角上分别安装四个螺丝和螺帽即可。

那么周围的部分是如何连接的呢。步骤要领如下：首先，将连接部的四周部分的钢板前端弯折使其分别向上向外翻。这个称为凸缘。将凸缘相互连接后，在上面加盖一种可将凸缘插入、由钢板弯折而成的被称为管夹的金属零件，以使它们之间无缝连接。这样一来，螺丝螺帽只需安装四处就大功告成，进行连接时工序也不会花费太多工夫。

这一做法现已成为标准化施工方式之一，在此无须赘述。

其实真正的问题，在管道连接处的四周布满螺丝螺帽这一早已过时的工序仍然被采用，并且还制成了通风装置。这说明，即便生产出来的机器装置具备了多么先进的性能，其内部也会存在僵化的部分。

用"僵化"这个词也许会让人觉得夸张，但仔细观察机器，适时分解审视，会第一次发现在其构造或零件内潜藏着老化如石的部分，我所说的"僵化"指的就是这个意思。如果不找出来的话，它就会在无人问津的地方继续沉睡下去。

在这个案例中，该部分的组装全部委托给很久前就开始合作的某公司。对于一个公司来说，零件越多、工序越繁杂，收入就会越高。所以，如果负责人将工程委托给其他公司后不亲自下工夫琢磨，问题就会永远保持原状无人问津。

这并非是某一个负责人的问题，而是一个应该举整个开发现场之力，睁大眼睛重新审视所有产品的设计图、挖掘潜藏问题的课题。在想象不到的地方，已然僵化的浪费，也就是"宝藏"正在默默沉睡。

2 智慧逐渐消失

连最基础的知识都不懂的年轻社员

在我之前的拙作中，曾强调过"培训胜过经验"。当然这完全没有蔑视经验的意思。我们现在在现场所发挥的技能，都是前辈积累的经验结晶，并世世代代继承发扬而形成的。

但现代社会不是一个只要交由每个开发人员去积累经验、体验各种场合，就能够自然而然地拥有开发能力的时代。在市场全球化进程中，新产品以前所未有的速度不断地繁盛发展。在这股潮流中，像旧时代那样等待青年一代开发人员积累起丰富经验已然成为奢望。这种现象在 IT 高新技术产业更为明显。

我曾在可称为 IT 高新技术产业衍生物的可移动设备的开发现场进行过技术指导。这个开发现场也不能幸免地被笼罩在了业界竞争激烈的阴影下。为了打赢其他竞争对手，它在开发上所显现出来的态度也必然有急于求成的倾向。为此公司招录了一批名牌大学工科系毕业的优秀人才。确实，称他们为人才是无可非议的。

但是，尝试着进行技术指导后，我就遇到了只有在人才济济的开发现场才会发生的、所谓盲点的问题。他们大多都是毕业于名牌大学化学系或者电子系的开发人员，在各自的专业领域都是佼佼者。但是，我发现，对于他们来说，连所谓"产品制造"最基础的知识也完全不懂。

为什么没有机械工程系出身的技术人员，我没有与家电等开发现场进行过人事方面的交流，这背后可能也有一定的原因。令人惊讶的是，在他们身上完全看不到具备了"产品制造"知识。从某方面讲，也许可以说这是最近新入职社员共通的特点。

浪费现象被继承的现场

下面来说一说这个案例。我赶赴该现场是因为委托方希望我对某移动产品提出建议，以修正其品质不稳定的现象，以及降低金属原料的高成本。

我的指导流程首先是要对比产品和设计图，所以就跟负责人提出看一下设计图纸，没想到图纸的内容却让我大跌眼镜。那份图纸几乎无法称为设计图纸，粗糙且潦草，"这什么东西，外行画的吗？"我几乎要抬高音量脱口而出。

这款产品安装有液晶移动装置，手掌大小，细碎的零件很多，尺寸限制又很严格，所以累积误差就越来越大，最终造成了品质不稳定和成本较高的问题。我在拿到那份粗糙图纸的瞬间就意识到了元凶是什么。

具体来说，为了固定液晶屏一侧的外壳，在其左右两侧各有五个小螺丝钉成对称排列，每个螺丝钉之间的间隔为18毫米，允许有 ±0.05 毫米的误差。但在设计图纸上却是另一番光景，图纸显示，左右各五个螺丝钉螺孔，从最上面的螺孔开始按一条直线下来，每个都是间隔18毫米，每个螺孔之间标注的是 ±0.05 毫米。

我为此震惊不已。因为所有的螺孔都是圆洞，这样的做法导致从第二个螺孔开始直到最下方的第五个螺孔之间发生累计误差。这种误差用专业术语表示就是尺寸公差。单独进行计算的话，18 毫米 ×4=72 毫米，那么相对应的就会产生 ±0.05 毫米 ×4=0.2 毫米的尺寸公差。也就是说，从整体上看他们对产生 0.4 毫米的误差是认同的，所以不得不在左右各自设计五个螺孔。

但按图纸所示的方法，螺丝钉螺孔的间隔越是追求精密度，产品的品质就越不稳定。金属原料的成本越来越高也就是很自然的事情了。

首先在左右各五个的螺丝钉螺孔的最中间那个，即从上面数第三个螺孔，将其按照尺寸标准设计为圆孔，而其他的上下各两个螺孔，都设计成包含尺寸公差在内的长形螺孔。然后在组装时从标准的圆孔开始拧紧螺丝，再拧紧其他长形螺孔的螺丝。这样一来，0.2毫米左右的尺寸公差就被长形螺孔所吸收，不但如此，五个螺丝每个都很牢固，外壳也被固定得很结实。

手掌大小的移动设备其螺丝螺孔之间必要且合适的间隔精密度应该是什么水平，并且为了实现这个精密度如何才能尽可能地在不增加成本的基础上进行处理，只要在合乎常理的前提下去追寻这些问题的答案，就会发现这个做法是最合适的。对该做法了解与否，决定了现场情况的天差地别。

顺带说一句，我之所以知道这个方法，是一位前辈传授给我的。而这位前辈又是从上一位前辈那里学来的。这只是植根于工作中的，一代一代传承下来的"产品制造"智慧海洋中的一个知识点罢了。

如果现场就像这样对实践性知识没有传承的话，会变成什么样呢。对现场发生的浪费视而不见，甚至认为是理所当然。这类问题就算录用了再高学历的社员也都于事无补。可以说，问题在于，让他们发挥的超高能力反而可能成了前进的枷锁。夸张点说，这也可以称为负遗产。

智慧的传承

2013 年，伊势神宫、出云大社均迎来了平成迁宫大典。伊势神宫每隔 20 年迁宫一次，出云大社虽然修缮工程年份未固定，但一般来说每隔 60 年或 70 年都会进行一次大规模的修缮。而我说起这个，是想要强调，在迁宫大典背后，有着兴建技术的传承。

迁宫工程里除了口传技术和设计图纸，还有很多言说不尽的东西。在"产品制造"中，技术的精髓是由人掌握的，需要代代传承。传授者虽说可以用语言或图纸将知识客观表述出来，但学习者最终是否可以仅用眼去看就能真正理解呢？

本应在现场培养并继承的知识和技术，却未能充分地传承下去这样的例子，我也曾经遇到过。在曾经引以为豪的拖拉机事业革新的成功案例中，我们开发了新概念机，在那之后过去了十多年，偶有机会我去参观了其衍生机器的展会。虽然从外观设计上看是全新的，像是新机种，但透过座位后部空隙中可见的油压操作部件或金属板零件，可以说越改越差，尽是些幼稚的设计。看到这些，我满心忧虑。

即便是新人设计，按以往做法，应当接受项目主管或开发责任人的审查，使其成为合理的设计构造或零件。这种产品开发让人备感失望，会让人觉得，是不是该企业本就没有审核体系？是否也反映出上司不具备相关素质？还有让人扼腕叹息的是，这样一来，技术上的传承是否还能够实现，是不是每当上司离职或退休，技术就会复位归零，从头开始？

要将现场继承的知识切实地传承下去，最重要的就是要通过职场内的实际工作进行教导。我在20多岁的年纪，曾与比我年长10岁左右的上司做过搭档，上司负责教导我。那个时候，不仅我自己，在开发现场的年轻人都会配备这样一位导师，平常都要在他们的指导下开展工作。负责教导的人有问必答，和蔼可亲。我们经常不由得感叹：前辈实在是太厉害了。

这样一对一的教育方式固然很好，但为了提高整体开发水平，以全员体验原则为基础的OJT教育可以说非常有效。这种教育方式一周内只需要30分钟就可以了。通过这种教育方式，既可以加强与部下的交流，又可以将现场所继承的知识切实传承下去。由此可见，"传承即力量"。

3　开发现场正在发生的事情

"做不到"和"不知道"的十个课题

身为咨询师，为降低成本，我奔赴各种开发现场进行技术指导的五年间，遇到了太多的课题。很久之前我就开始了随机记录。大大小小的问题都有，大概 60~70 个左右。我从中选取了凝练了最基本内容的十个项目列举如下。

①不了解市场

开发者因为看不到客户对产品的实际使用方法及困扰之处，所以无法对应该改造何处做出准确判断。市场动向的营销信息及服务信息只是间接得来的，无法从宏观上掌握时局。

②无法立刻把握力的大小

决定零件的大小以及形态的关键因素是"力"。如果不能对零件所产生的作用力的大小做到立刻心中有数，并且无法在得到解析结果之后再进入图纸环节的话，这在开发期间是来不及的。如果零件材料尺寸大了，虽然会避免分割和弯折，但会引起材料费的浪费，重量的增加会导致性能及成本竞争力降低。对客户也毫无益处。

③画不出设计图纸

画图纸时，开发者认为 CAD 即电脑操作及作图费时费力，觉得作图本身就很麻烦、很琐碎。因此将其外包给其他公司的案例也并不少见。把那些谁都能做的简单作图交给别人是可以的，图纸外包本身没什么不好，但产品的重要核心部分必须亲自操刀才可以。

④不了解材料及加工方法

虽然知道实际使用的材料及加工方法，但对其他材料和加工方法的了解几乎是一片空白。对其他公司产品及其他业界使用的材料及加工方法毫无兴趣，也没有多少欲望去学习去掌握。

⑤无法马上对加工工序有概念

不能立刻想到产品什么形状对应什么样的加工工序。因此，零件只能被制作成可确保技能和性能的、复杂且浪费较多的种类。

⑥无法马上计算出治具和模具的个数和费用

这一点是生产技术层面比较专业的要素，什么样的形状对应什么样的工序，这个工序又需要多少治具和模具，在画图纸的同时能够计算出来相关概算是很必要的。

⑦不了解组装方式及工序

因为不了解生产线现状，所以就无法做到可确保组装工序及品质的设计。最近随着生产部转移海外，开发现场附近不设生产线的企业增多，所以对组装逐渐也没那么了解了。

⑧不了解出货包装以及物流方面的情况

包装材料及物流的成本费用存在浮动。需要考虑出货时的产品包装、需要多少辆多大载重量的卡车、需要多大尺寸多少个集装箱，并且要预先做好包装预算，最好在开发初期阶段就设定好产品的整体尺寸。

⑨不了解加工业人员或采购环境

加工业人员或采购方虽肩负器材和采购岗位职责，但为了实现降低成本的目的，对于开发部来说，这是特别重要的因素。

⑩计算不出成本

起决定性作用的问题是，计算不出④～⑧的成本。如果做不到这一点，则开发阶段的成本管理就无法麻利迅速地完成。再怎么呼吁降低成本也不会出现好的结果。在画计划图纸的时候，要对一些成本做到心中有数，比如螺钉孔减少一处，就会节省多少加工费，随之螺钉孔的零件费以及与冲击扳手配合一起的构造费会降低多少。如若不了解同行估价就不会知道成本如何，那么图纸的制作就必须根据情况随时中断。

为了避免此类情况的发生，我撰写了《成本计算手册》，并长年使用至今。让开发人员拿着这本册子，随时将每一个零件都记入成本计算册，以求成本"透明化"（"关于成本计算手册"详情后述）。

以上就是我按照产品开发过程的顺序举出的十个项目案例。

这十个项目案例按照技能及知识种类划分的话，①是如何把握客户需求的实践性销售战略的课题，②是对产品知识和材料的了解，③是设计的基本技能，④～⑦是指对材料相关知识和加工方法的掌握程度，⑧、⑨是物流和采购相关知识，而最后的⑩是以前面几项的综合为基础，阐述了进行产品设计时要有眼力，能够对必要成本做到心中有数。从掌握客户需求，到把握成本，这些要素对降低成本来说缺一不可。

没有知识就没有智慧

邀请我进行技术指导的品牌负责人中，也有人之前读过我写的书，并一直致力于在现场开展降低成本的工作。他们向我求助说，虽然以实现"零件减半""成本减半"为目标而努力了很久，并且也降低到了25%，但想再降低就做不到了。

成本降低工作进展不顺利的现场其共通之处在于，依然故态的开发"意识""做法""技能"，以及设定较低的开发目标。一句话说就是，"知识量不足"。降低成本所需的必要知识匮乏，所以才不会点燃智慧火花。

所有开发人员在制作计划图纸和零件图纸的时候，在掌握成本状况的前提下再开展工作是很必要的。使用电脑中的成本计算系统，如果只能看到总成本，那么也无法实现降低成本的目的。电脑数据大多数都被暗箱化了，不值得信赖。

进一步说，在对某销售中产品进行降低成本工作的时候，需要在很多方面做到心中有数，包括产品的设计中有哪些地方应当做怎样的修改，或者材料及加工方法、组装工序的问题，然后勾勒出成本降低工作的整体框架。就如上述所列举的课题所说，对设计的基本技能、产品知识、材料、加工方法等每一项内容烂熟于心都是不可或缺的。

所以，当被告知"降低到25%了"的时候，与其考虑剩下的25%从何处下手，不如从头开始，重新审查设计、制造、采购、物流的全过程，勾画出成本降低的新框架。

最大的问题是"画不出图纸"

接下来说一下上述十个项目案例中，在开发现场中问题最大的③"画不出设计图纸"。

图纸可以说是产品诞生所需技术的 DNA。也可以称之为向后世传递产品形状及构造的"技术语言"。每每在各类现场见到各种产品及其图纸的时候，我都会感叹图纸的重要性。

在成本降低课题堆积如山的现场，其产品的设计图纸上也遗留着问题重重的 DNA。向已融入全球化很久的市场输送产品的日本，其"产品制造"现场所制作的产品图纸，理所当然要基于日本工业标准（JIS），该标准基于称为"国际共通语言"的技术国际标准（ISO 规格），但实际情况也并不绝对。

在某大型企业的生产现场，我发现其所用图纸在其表面线条粗细、螺丝标示方法等方面，还是 15 年前的图纸画法，为此我十分诧异。在这样的公司，即便只做一点点改变，也会费时间、费人力，所得结果也必然不会很好。承包企业在与总公司长期合作过程中，也未能意识到图纸画法向新标准过渡的必要性，这样的状态一直持续至今。虽然事已至此，但加强公司内部教育、修订图纸的工作正在进行中。

再举一个比较极端的例子。我曾在某大型企业的宇宙火箭相关的开发现场遇上了一个令人遗憾的案例。在开发燃气转换阀的部门，我用手绘的形式将重新审视现有主题的产品、使其"零件减半、成本减半"的新构造表示出来，并要求他们以此提案为基础，以一个月为时限画出设计图纸。

一个月后，我拿到图纸后惊讶不已。那是全体人员各自在制图方格纸上用铅笔描画而成的。也许是多次修改的缘故变得有些发黑，没有一张能称得上像样的图纸。最终结果就是没有一个人具备应有的画图水平。

从结论来看，为了改善这样的生产现场，增加持有日本的国家制图测试（机械及设备成套制图技能测定）2级资格证的人员为上策。必须将是否具备资格列入员工基本条件中，要强化现场的制图教育（OJT）。

我在就任久保田机械设计公司的社长时，就给总公司（久保田）的大学技术系毕业的全体新入职员工派过任务，要求他们取得国家制图测试2级资格。取得2级资格水平后，相比那些需要8～10个小时才能完成一张A2尺寸图纸的无此资格的技术人员来说，具备资格的人员在4个小时左右就能完成，并且图纸上也很少出现不妥之处。

不画图纸、不懂画图的开发负责人

在产品开发的现场，若没有画图能力，会产生什么问题？那就是开发负责人本身不画图也不懂画图的问题。这种倾向，在开始使用电脑进行设计以及设计外包等做法盛行之后变得越来越明显。

当这种现象发生在开发团队的负责人身上时，事态就越发严峻了。

在久保田的时候，我曾经在人事部组织的产品开发部课长竞聘活动时，向人事部干部提出过建议，即在选拔条件中加入"画过 2 000 张以上的图纸"。

对照自己长达 40 年的产品开发经验，我对画图是产品开发的关键这一点也是深有感触。特别是开发负责人必须在画图这方面具备可对下属进行具体指导、建议和传达的能力。

但是现在的情况是，自身不懂画图因此也读不懂图纸的负责人越来越多。在给予下属适当的指示和建议之前，其实是自己不行才将画图工作安排给下属的。因此下属所画图纸的不妥及问题之处怎么可能看破呢？

被称为 CAD 的陷阱

细想一下，不会画图的负责人增多，是否与电脑制图软件 CAD（Computer Added Design）的普及有关呢？我在久保田工作的 20 世纪 80 年代，曾迎来开发现场向 CAD 过渡的时期。在此期间出现了大量不做图纸制作的开发人员。

一般来说判断开发人员是否能独当一面的标准是看其是否有十年工作经历，而在我那个年代，开发人员都是在制图板前用制图机械进行图纸制作的过程中积累经验的。但是比我年轻、只有不到十年工作经历的开发人员，在向 CAD 过渡的时期也就是 CAD 与制图机械混用的现场，感受到的却是画图不方便的一面。

制图版宽 90 厘米、长 120 厘米。如果使用制图机械能画最大的 A0 尺寸（A4 的 16 倍）的图纸。与此相对的是，CAD 画面大约 A3 尺寸，初期的 CAD 容量很小，并不像现今这么便利。键盘操作时画面的反应也很迟钝，等待时间就很长，制图变成了一件慢如蜗牛又无聊至极的工作。

在能够独当一面之前如果被置身于此环境中，就埋下了隐患。这使得开发人员渐渐脱离了图纸，在画图能力尚未打磨多久就成了负责人。不仅是久保田，同一时代的很多产品开发现场也发生过此类现象。

为了避免引起误会，再多解释一下，我并非绝对反对在开发现场使用 CAD。亲手画图可以与下属讨论课题、共享问题，但如若开发负责人未能积累足够经验，且把使用 CAD 进行设计的任务委任给下属，这样的负责人的存在所导致的问题就是现场被弱化。我认为对此类现象应当警钟长鸣。

比如说，机种从 2D（二次元）–CAD，向 3D（三次元）–CAD 不断进化，这可以说是制图的大机遇。在 2D–CAD 中，一直以来负责人都是从正面、平面、侧面三个方面进行图纸制作的，也就是要制作三份二次元的图纸。在此期间还要确认零件之间的间隔、组装情况，并且负责人要对三份图纸进行检查。

然而，进化到 3D–CAD 之后，负责人开始可以用 CAD 进行立体图形制作了。也就是可以从任意方向作图，零件组装状态的外观以及产品其任意方向的横断面也都可以被自由地表现出来。更先进的机型还加入了解析功能，可以表示出对任意方位施力时产生的强度以及变形状态。

因此，图纸制作变得前所未有的方便起来。但问题是，由错综复杂的线条画成的立体图一旦完工，作为第三者的负责人即便使劲盯着看，也很难再次从中找出问题及可改善之处。

所以，在进行图纸检查时，一般都会将三次元的图纸特意移到二次元的图纸上。但即便是 3D–CAD，也需要绞尽脑汁进行改善，比如要能抓住要点，能够加上旋转剖面等，以使图纸更容易进行检查。图纸基本上是三面图纸（正面、平面、侧面）。在日本，国际技能奥运会、国家制图测定也是三面图纸。3D–CAD 图中进行的指导也是以三面图为基础的画图方法。图纸必须做到第三者也能看得懂才合格。

特别是在企划图中，零件的每个形状与相配零件之间的关系状态必须一目了然。如果需要解说才能看懂的话，那就说明这份图纸还不成熟。

手绘是开发不可或缺的工具

我认为以上我所阐述的内容并不会引发误解，而且我所提出的观点即开发负责人必须会画图纸并不是从狭隘的经验主义立场出发的。我想指出的是，有很多问题只有通过画图纸才有答案，并且很多好的点子都是在画图过程中涌现出来的，开发负责人应懂得这些益处，并且能够对下属进行指导和教育，以此为个人树立起无法替代的支柱形象。

实际上在开发现场，图纸是比语言更有说服力的工具。一张手绘图，就能够瞬间解决苍白无力语言背后言之不尽的问题。

"手绘"是一直以来备受好评的方法，对于开发来说是非常有用的信息传递方式。世间的工业产品都必须由图纸制作而成，而手绘的诞生也是基于图纸。

即便现在，我在现场进行技术指导时对开发者也非常多地使用手绘解说。比如用手绘画出了 100 个问题，即便当场大家理解了这 100 个问题，实际上到了以此为基础制作企划图的阶段，充其量也只能做到其中的 30%。但是，之后的问题如果用三遍手绘方式去表述的话就能传达到 90% 以上。到了第四遍的时候，会超越我最初想要传达的内容，达到 120%。这就是画图的力量所在。

考虑产品等的构造及零件的形态等，并且想要将这些信息传达给他人时，手绘是最为便捷的方式。当然，3D-CAD 的迅速普及，现已成为开发现场不可缺少的工具，但 CAD 即便是简单的图形绘制也需要使用键盘操作，输入每一个要素都需要花费时间。

考虑到这些因素，也就理解了为什么手绘到现在还是不可或缺的开发工具。一般来说，工作雷厉风行的开发人员描画手绘的同时，会在脑子里将构思进行一定程度的整理，然后进行 CAD 制作。另外，在使用 CAD 时，手边同时也在用手绘进行填补，将内容反复多次试验，最后只将整理好的内容写入 CAD。所以只有这样才会工作效率高且成果显著。

在上司的指导并不面面俱到的工作环境中，常见的是将 CAD 交于经验不足的开发人员任其闭门造车。但其实首先要做的是，在开发中加入手绘环节，只有这样的改变才是工作的第一步。

产品制造本应有趣

同事或上司一般是看不到 CAD 的画面的，所以不得不只凭借个人能力单打独斗。虽然也会因被委任感到欢喜，但当面对完全超出个人能力范围的课题时，就会一下子进入死胡同，很容易无法继续前进。

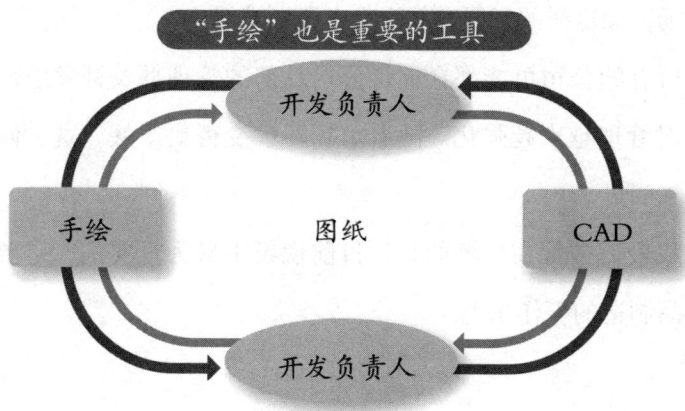

"手绘"也是重要的工具

开发负责人

手绘　　　　　图纸　　　　　CAD

开发负责人

在使用制图机械进行图纸制作的时代，当遇到因个人能力有限而进程受阻的时候，上司或同事会不动声色地出现，给予援手。这样的工作环境下得到的成果往往出人意料。

观察现今的开发现场，不但开发主题较小（革新度低），并且较多的是要在短期内结题的小规模开发。这类现场只一味追求时效，与其称这些技术人员为智库，不如说他们更像是从事体力劳动的"操作人员"。在这样的开发现场，无法取得理想成绩，也感受不到工作的乐趣。

而另一方面，管理人员作为项目经理及开发负责人的工作也在逐渐失去"乐趣"。管理人员一整日面对电脑已成为常态，观察现场的频率以及与下属交谈的次数也越来越少。为了强化项目体系对大开发课题进行挑战，以及在锻炼下属的同时创造新市场，像这样的意愿和梦想都在渐渐消弱。

所有的公司可能都会觉得公司总部的管理部及开发总部等部门对管理越来越强化。随着市场环境变得更严峻，这一倾向也越加明显。

我最近常常在思考的是，目前现场中最为重要的，是要恢复产品制造的工作乐趣。

第二章

产品制造很有趣

1 "产品制造"的觉醒

"自动风向记录仪"成为日本中国地区的代表作品

让产品制造的乐趣回归开发现场，在讲述这个话题之前，虽然有点自夸的嫌疑，还是想说说此前我与"产品制造"的渊源。

我是四个兄弟姐妹中的老三，上面有一个弟弟一个姐姐，下面有一个弟弟。母亲常年住院，在我小学二年级的时候去世，父亲用种植 0.8 公顷水稻的收入抚养我们四个孩子长大成人。生活虽然艰辛，但我对学校学业的热情丝毫不减。最擅长的就是理科、算数和手工。

上小学时每次放学回家，我就会一个人一头扎进手工玩具的制作中。用铝制铅笔帽制作的火箭就是作品之一。那是模仿 1995 年东京大学系川英夫教授开发的"铅笔火箭"制作的模型。第一天所做的准备是，把火柴棒前端削下来制成"火药"。第二天，将其塞入铝制铅笔帽并制作了发射台。第三天，终于到了发射试验日。就这样每天连续作业，乐此不疲。

小学四年级的时候，我利用暑假时间独自制作的"自动风向记录仪"获得优秀奖，还被选为日本中国地区的代表作品。

这个风向记录仪的构造是，在果汁罐子的表层一圈卷上图表用纸，风向记录仪杆穿过罐子中心做成框架，以与图表纸垂直相交的状态，将铅笔杆（使用了圆规的零件）从框架一侧支起来，铅笔杆就成为随着时间的流动而上下活动的装置了。旁边设有时钟，时间一秒一秒过去，从拧钟表发条的旋转轴上拆下来的卷线与铅笔杆相连接，一天的风向就这样用铅笔在图表纸上自动记录下来。除了时钟之外，从风向记录仪羽毛毽开始每个零件都是自己亲手制作的。

我的整个暑假时间几乎都用在了这个风向记录仪的制作上，暑假结束后带到学校的成品，实际上是反复试验后完成的第三个作品。

对自行车的构造兴致浓厚

我小时候，自行车就相当于现在的汽车。那个时候没有儿童自行车，为了能把东西放在货架里运送，自行车全都是那种有三脚架、又重又结实的款式（被称为男式自行车）。孩子们因为车座太高，但又一心想骑车，所以每次都会把右腿伸进三脚架里。

父亲常吩咐我擦洗自行车，对于车圈内的辐条和辐条之间的泥垢，我会用卷起的破布擦拭，过程很是麻烦。因为经常帮着修补轮胎，慢慢不知什么时候就学会了修车。有一次别人拜托我修理后轮胎，我由着自己的兴致把车给拆了，车胎是修理好了，但车子却组装不成原来的样子，惹得车主发了好大的火。

其实本不需要拆除任何东西就能把轮胎修好的，我却是把车链子拆了之后修理的，车主当然会生气了。但是那个时候当我了解到自行车构造是如此惊人之后，那种喜悦真的是任何事物都无法比拟。

我自幼就喜爱摆弄机械，每每从附近的小孩那里借来的玩具，马上就会被我拆解破坏，父亲为此也对我多加抱怨。但在我看来好奇心能让人强大一倍。

自行车凝结了很多产品制造"技能"的高超之处。对此，本书下文中会进行详述。

修理谷物脱粒机发动机

到了中学时代，随着农活越干越多，我也越加熟练起来。

我学会了帮忙赶牛用锄头耕地，父亲为此特别开心。从小学就是如此，父亲只要看到我们玩耍或是读书，马上就会让我们帮忙做事。像做作业或是做其他自己想做的事情，只得在父亲视线以外的地方悄悄完成。

到了秋天，我被吩咐做谷物脱粒的农活。当时大多数农户都在田里放置谷物脱粒机进行谷物脱粒，单排气筒的石油发动机是其动力源。在"晒稻穗的架子"下面进行谷物脱粒工作。

我家的发动机就是久保田的，曲轴箱盖上印着大大的"久保田"字样。在发动机的曲轴两侧有着大大的调速轮，在曲轴处插入摇把手柄，一手按住降压杆（减压器），一手使出全力摇动摇把手柄。摇动到一定程度后，手指松开降压杆后开始点火启动，这时继续全力摇动（约五秒后），燃料从汽油转换为石油，就能连续使用了。

但是，连续工作两小时后，发动机就会因为发生运转不畅的情况而停止工作。发动机一旦停下来，所有工作就要停歇，对小孩子来说特别高兴。就像谚语说的，子女不知父母心。

发动机一旦停止工作，就轮到我出场了。因为大家还经常拜托我修理拖拉机。造成发动机运转不畅，八九不离十就两方面的原因。一个是，将燃料变成雾状的装置即化油器（汽化器），因管道堵塞导致燃料供应不畅；另一个是给燃料点火时必需的插头其高压放电产生的火花过弱，无法进出。

发生第一个原因的情况时，需拆卸下有化油器的部分机身，洗掉堵塞物再组装即可。第二个原因的话，虽然看起来比较简单，但技术含量较高。需要在进行高压放电的发电机上找到叫作指针的电力触点，在它微小的消损处插入一张长方形小纸片，反复多次穿插将其修复平整。电力触点如在均等状态下摩擦，电火花就会啪的一声进出来。当修理完毕看到发动机伴着白烟重新启动时的那一瞬间，我总会感到格外畅快。

解开传送带不会脱落之谜

谷物脱粒工作使用的是谷物脱粒机。安装谷物脱粒机和发动机时中间要相隔五米，两者之间是宽约八厘米的传送带，由皮带轮连接着循环转动。传送带不会从皮带轮上脱落，这个曾让我备感不可思议的疑问，终于有一天被我解开了。我发现了皮带轮形状上的巧妙之处。也就是，连接传送带的皮带轮，其形状，中心处被设计成中间稍高的形状（crowning、中心部分增高），而传送带受到力学平衡的影响，会朝着皮带轮的中间部分运行。

村子里的公用碾米站的碾米机上由发动机连接传送带，也是如脱粒机一样的原理。上中学时，参观过铁工厂的转盘也使用了很多传送带，数台转盘上都分别连接着从横向一排设置在天花板的皮带轮中转动而出的传送带，这被称为塔轮，传送带沿着皮带轮转动，甚至变速都可以操纵。

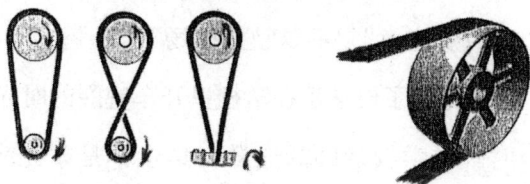

传送带为何不会脱落？

在这项基础技术支撑下，传送带就不会从皮带轮上脱落，而是安安稳稳转动了。当我"发现"这个巧妙之处时的感动，至今仍然难忘。还有一点，当传送带成180度扭转状态，从发动机一侧向驱动机一侧运转时，机器的设定位置即便是一样的状态，驱动机一侧也可以做到反向运转。前辈们留下的这些智慧让我佩服不已。

被柴油发动机深深吸引

上高中后不久，邻镇的朋友问我："要不要来玩汽车？"他是如何到手的我不得而知，但是车已经准备好了。虽是辆没有车顶没有车床几乎"全裸"的汽车，但却行驶得很好。就这样我们几个人迅速成立起汽车俱乐部，请班主任做顾问并举办了安全讲座，还得到了"小心谨慎避免事故"的通行指令。

就这样，连驾照都没有的我们成立了一个汽车俱乐部。高中的学校位于小山丘上。"只要不驶入公路，没驾照也 OK""穿过楼宇间走廊时要注意""不要驶入操场"，在答应了这些条件的前提下，我们开始了放学后在学校里开车兜圈的时光。

在那个时代，学校老师的通勤工具也都是摩托或自行车，拥有私家车什么的简直想都不敢想。那时虽说只是在校园内，驾驶这辆"敞篷车"已然是让我们特别兴奋的一件事。就在这样的环境下，我对产品制造的关注也越来越强烈。

高中一年级的寒假，我去了一家叫作"春日农机店"的店铺打工。因为我想了解柴油发动机。在农家长大的我，此前只知道像脱粒机使用的石油发动机那种的电泳引擎，一个偶然的机会读了鲁道夫·狄赛尔传记，在那之后我开始对书里提到的柴油发动机产生了兴趣。

柴油发动机虽说是既不需要汽化器也不需要指针的原理简单的发动机，但我由衷地觉得它"真是棒呆了"。它的运行原理是，将汽缸内的压缩比例设置为 21 倍，汽缸内的空气就会被压缩并自行升温，高压燃料从喷射嘴喷入，燃料就会自燃点火，机器开始回转运行。并且，重油类的便宜燃料也可以使用。只不过，它必须使用高精度的燃料喷射装置，并且因为压缩比例较高导致发动机噪声较大，另外重量也要比电泳引擎要重，这些都还是未解难题。

春日农机店是洋马农机的特约店，幸好有亲戚在店里工作，我才得以被雇用在这里打工。在修理农机的同时，我总是对柴油发动机刨根问底。几乎所有店员都很耐心地教给我相关知识。我还要来了样本说明书，带回家看，每天都乐在其中。

后来我进入农机企业久保田工作，也是缘于被柴油发动机吸引的缘故。

2 在久保田所学到的产品制造

"高桥学校"的新人教育

参加久保田的面试时，我提出希望能够从事"柴油发动机设计"的工作，但被分配的部门是耕地机技术部。进行柴油发动机开发的是发动机技术部，但在当时的农机市场，耕地机是全盛时期，所以久保田耕地机技术部也是公司最大阵容的部门。并且，耕地机也用上了柴油发动机，但完全没有不协调的感觉。

被分配的部门确定之后，同年进入公司的技术专业的职员（农机相关分配者 20 人），不管高中毕业还是大学毕业的，按惯例全部都要派到被称为"高桥学校"的试用机组织部进行为期一年的新人教育实习。它由第二次世界大战后从中国东北归国的原陆军中士高桥贞三先生（原久保田技术负责人、获黄绶勋章）全权负责。高桥老师体型虽小，但被称为"魔鬼中士"，是经历过真正的战场，从炮弹中走出来的人。每天早上八点开始上课，高桥老师铿锵有力的训导也就开始了。每次听到老师充满渊博知识的教导时，我总会产生共鸣，备感钦佩。

试用机组织部，就像它的名字一样，是对新型机器进行试运行组装，如有不妥的情况马上手动改造完善，并对机械性能及耐久性进行检测、检验的部门。耐久性测试大多都要进行"实地测试"，就是跟农户借一块庄稼地，把试用机带过去进行现场作业。要在不同质地的土地上试运行，比如沙土地、黏土地、碎石多的土地，车轮会深深陷进去的水田等，所以有时候会出差一周或最长一个月。所谓试用机，总是遇上小事故就会坏掉，有时候还会连续发生故障。每当遇到这种情况，就需要探究其原因，用有限的材料进行紧急处理后继续进行测试。

此外还会跑去极恶劣环境中进行检测，这样的环境在实际的庄稼地中并不存在。比如说我曾去过位于三重县名张市大山深处——钛矿的露天挖掘矿山，当时在农户的仓库里住了三周，进行耕地机耐久性测试。一到夜晚，星空满天，到现在我还能想起那时美丽的夜空。

在焊接工作中感受到前辈的厉害之处

新人一般会安排与前辈一起工作，接受上司指示进行组装或改造。最开始做的是制作零件，就是在薄金属板上用尺子或圆规打好格线后，夹在桌虎钳上用錾刀削磨。右手拿锤子敲打錾刀。一开始锤子不能准确敲到錾刀上，左手大拇指或食指第一节经常被敲到，习惯了以后就不再受伤了。

被錾刀切割后薄金属板的切口，要用锉刀弄平整才算完成。从前辈那里学到的是：用锉刀时姿势也很重要，如果腰部力量用的到位，那么手里的锉刀就会稳定，这样零件的精准度就会很高。那时候，能够在忙碌中见证着自己的成长，每个人都发自内心的开心。

难度最大的工作，是焊接。对厚度约一毫米的薄金属板进行气焊时，是很需要"能力"的。被焊接部分和焊接棒的位置关系、焊接棒的操作速度等，这些都有着无法用语言描述的诀窍在里面。

当时安全意识低，危险的工作也能很冷静地完成。将堆焊部分磨平，需要使用砂轮机进行作业。当时大多都不用电焊防护眼镜，就让眼睛那么暴露着，用手持砂轮机作业。火花的迸裂方向在一定程度上由砂轮机砂轮的旋转方向决定，但偶有因砂轮机方向改变导致火花迸飞到眼睛里的情况。

火花实质是发热变红（约900度）的铁粉，会灼伤角膜。那时候我们都在工作结束后赶紧跑去看眼科，但有时会因别的事情耽搁了看医生，结果两天过后，被铁粉烧坏的眼睛里肉都鼓了起来，不得不接受手术治疗。经历几次后，就从前辈那里学到了如何把眼里的铁粉取出的办法。那就是，用牙把牙签的尖头咬断，对着镜子用牙签头把铁粉拨出来。在那之后，这个办法屡屡见效。通过这件事我又一次切身感受到了前辈们本领的高超。

这样的职业环境其魅力还表现在其他很多地方。夹层楼内设有设计室，所以能够体验实际的设计工作。我在夹层楼进行设计工作的机会逐渐增多。因为前辈有制图机器，而作为新人的我使用的是 T 尺。即便如此，前辈也让我在有斜度的制图台的描图纸上，对部分内容进行了设计。虽然那是个没有冷暖空调的"非常接近自然状态的小屋"，但所有工作都很新鲜，都让我兴趣盎然。

参与第一代插秧机的开发

从"高桥学校"毕业后回到耕地机技术部，我也在工作中受益良多，也让我更深刻体验到了什么叫作"快乐的工作"。

所谓"快乐的工作"指的是我参与的第一代插秧机和拖拉机的开发工作。我们研发的手扶式两行插秧机改变了一直以来的人工插秧方式，成功实现了机械插秧，投入市场后便一举成名并且引发了插秧机潮。我们还研发了在稻田特有的松软泥土地里也能纵横驰骋进行插秧作业的小型四轮驱动拖拉机。这些都是世界首发的、没有任何参考版本的原创设计。

特别是在插秧机的开发中，久保田于 1968 年设立了第一批插秧机开发项目团队，已进公司几年的我也成为开发团队中的一员。插秧机作业的机械化研究，自明治时代就已经启动了，而实际应用则开始于 1965 年左右，开端是种苗革新。在此之前，秧田育苗还未出现，一直使用的都是育苗箱，箱子底长 60 厘米，宽 30 厘米，铺一层 2.5 厘米左右的苗床用土，待种苗长到 6~8 厘米时用机械进行种植，机械化由此实现。据说当时其他公司也对种苗虎视眈眈，引发了多起风波。

我们把这些种苗称为"毯状苗"，并开发出了这样的机器：其操作方式是，把长 60 厘米宽 30 厘米的毯状苗原封不动地放进机器里，移动幼苗部分使其左右上下间隔 1.5 厘米，然后把种苗推出。移栽部分则设有一个筷子样的机械爪，实际上是两根直径四毫米的钢线，之间间隔十毫米，钢线插入苗根缠绕的苗床上，把根部下压后将一块区域的种苗直接移栽到田里。这种移栽方式非常简单，现已成为各公司插秧机采用的基本方式了。

这款插秧机在当时的市场上获得巨大成功，因其出色表现在 1970 年大阪万博会久保田展厅内被展示在最正中的位置。作为开发团队的一员，我被指派负责当时的展示和说明。这段经历成为我一段特别美好的回忆。

促使我立志投身于开发的拖拉机开发事业

1970 年，三菱汽车希望之星和铃木汽车吉姆尼的发售，使四轮驱动车在汽车领域引发了一股潮流。

我上司也购入了一台，在工厂场院内试驾的时候，他脑子里突然灵光一现。那时候，拖拉机都是两轮驱动的，那是不是也可以试试四轮驱动？说干就干，我也被选进了开发小组。我们将四轮驱动车拆解，弄清它的构造和运行原理后，就开始了最适合日本水田种植的拖拉机开发项目。

在此之前，虽然两轮驱动拖拉机销售状态尚可，但远远达不到普及。这是因为担心在水田耕作时发生车轮深陷导致车身动弹不得情况的发生，而且要是遇上农耕条件差的山地梯田等情况，其进出庄稼地、跨越田埂时就会车轮打滑，以至于无法行进。我们都寄希望于四轮驱动能够克服这些缺点。

试用机终于完成，工厂场院、周边马路和空地都进行了试驾，还驶入庄稼地试验了一下耕地作业。深陷泥地、车轮打滑现象一概没有发生，实验结果远超预计，有点斜度的坡道或有落差的杂草地也都行驶顺畅。上司也十分惊喜，啧啧称赞。

但是，当进入正式提交申请开始量产规划时，被事业部部长拦下来好一顿严斥。因为"成本太高了"。四轮驱动的构造零件之多，是两轮驱动无法比拟的，负责成本管理及购买等部门，在对市场定价、生产台数、利润率等进行具体计算的结果是，无论如何都无法采用。

在这样的情况下，上司做出了一个伟大的决定。他把我们叫到一起，发出号令"从现在起，一年的时间，停下所有的开发和设计工作。所有成员行动起来，去全国各地考察预算！"

从大阪本地开始，我们去了兵库、京都、名古屋、冈山……我们走访行业人士，带回的预算书渐渐增多。材料费、加工费、金属模具费、治具费等，加工工序的每一步成本都网罗回来了。并且还探寻了最能降低成本的组装方式，以及与此相对应的从业人员。那个时代还没有电脑，所有的计算都是手动，我们15人左右的团队为了完成这项工作，在一年的时间里不停地分头奔走。

就在这样的日子里，某一天，冈山水岛工业区的三菱汽车相关人员问我们是否需要帮忙。那个时候的社会，汽车业很不景气。

上司对我们的艰辛奋战深感不忍，于是跟他们说了开发四轮驱动拖拉机的事情。我们制作了几乎所有零件，把一台完整的试用机和拆分后的另外一台机器带去了冈山。

　　我们请冈山的公司细致地观察分析了这两台机器，工作人员异口同声指出的都是，材料的使用方式、零件加工及焊接方法方面的浪费。"这里的罐子是金属板材质的，但用塑料会更节省""试试这里减少一些弯折度如何？减少一处弯折就能省15日元"等。现在看当然都是很理所当然的问题了，但对于当时的我们来说，真是大开眼界。

　　就这样，我们一次又一次去公司请教再回来研究，更换为新的设计图后，我们完成了比原来的两轮驱动机型的成本还要低很多的四轮驱动拖拉机。对此事业部长也大吃一惊，马上绿灯放行，在1971年的时候四轮驱动拖拉机开始投入量产。

　　这款拖拉机在20世纪70年代上半年销售量达到六万台，就这样，日本农业一下实现了拖拉机的普及。

　　就这样，可以说正是这款拖拉机的开发经历，让我下定决心走上开发人员的道路。真的可以称之为"与成本的初次相遇"。

带着"手绘"去交流，北美四万公里之旅

1974 年和 1975 年，我每年赴美国出差一次，每次大概半年时间。那个时候我们将开发的拖拉机引进了美国市场，为了从技术层面辅助销售，我被指派过去以助一臂之力。

因为需要把客户需求的工作机安装到日本进口的拖拉机机身上进行销售，就需要在当地进行拖拉机与割草机、除冰机、可挖掘游泳池的前端装载机等农机具的配对安装测试，客户认可后方能采购。而这一系列工作如何做到顺利完成，全靠"手绘"交流的能力。

最理想的情况当然是把特约厂家生产的拖拉机带过来后，根据拖拉机的马力生产工作机，但引进之初对销售量的多少并无把握，所以只能安装当地厂家生产的现有机具。而我的工作就是对这方面进行技术指导。

现实是，几乎没有双方都完美契合的情况，都需要进行部分改造或者加入新设计的零件。每天不停地在进行的工作就是将大重量的工作机以及工作负荷较大的机具等安装至拖拉机的反复测试工作。而与当地技术人员进行沟通时主要依靠的就是"手绘"。言之不尽的地方就会在手中的笔记本上绘制大量绘图

来解释，而工作在这样的交流中顺利开展。

每想起那段时间，英语词汇匮乏的我一个人驱车行走在北美各地的旅程体验，我都会从内心为自己感到骄傲。

对于投身制造业的人来说，语言及动作、表情都是传递信息的重要手段，但手绘更会让人一目了然。新员工都在那个时候开始，跪在放置在水泥地面上的产品或零件前面，把粉笔或把零件边角料当笔使用，与前辈互相在地板上绘制图表，交流个人想法。"这里的这个构造是问题所在""这样处理一下如何""不，还是这样做比较好"等，就这样在讨论中思想的火花不断碰撞。我记得当时留在地板上的绘图痕迹很多天都不会消失。

充实的三年赴美学习经历

1980 年 8 月的一天，上司突然对我说"三木君，公司决定派你去纽约常驻"。这个消息让我喜出望外。

久保田设有技术研修制度，会安排两名技术研修生赴纽约，两人赴德国杜塞尔多夫学习。人员选派并不安排专门的考试，实行的是上级领导推荐制度。

五年前我曾为协助提高拖拉机销售量长期赴美出差，此次学习的目的在于，以一个技术人员的身份去接触国际理念，以成为国际企业的中坚力量为目标。具体任务是完成指定课题的研究论文。

于是，我成为公司第三代赴纽约学习的技术研修生，将要开始为期三年的研修生活。距离出发前两个月的这段时间，在公司本部接受行前培训，11月携妻赴美。我记得当时全体同事都特地赶来伊丹机场为我送行。

赴美后，我进入哥伦比亚大学学习，并且加入美国农业机械学会、机械学会、汽车学会，作为入会会员通过这些途径收集技术信息。我还根据在当地获取的信息进行图纸绘制。在日本国内接触不到的每一条新鲜信息都让我激动不已。

有一次看到了美国农业机械协会发出的通知，内容是关于参观美国约翰迪尔公司拖拉机工厂（伊利诺斯州沃特卢）的人员募集，我马上报名参加。这家位于芝加哥以西400公里的某拖拉机工厂可谓大规模生产基地，它集零件厂、发动机厂、生产技术中心为一体，占地面积5万8 000坪，员工人数共计1万6 000人。在学校学会相识、之后一直交往密切的某工程师的帮助下，我在那次参观之后基本上就可以自由出入这家工厂参观了。我前后一共去了五次。在这家可谓世界顶级的农机工厂里，我被允许自由拍照，每去一次都被深深震撼，看到的一切都刺激着我的神经。

为调查农作物，我还奔赴康萨斯州、内布拉斯加州、加利福尼亚州、阿肯色州等地进行考察，接触到了完全异于日本的美国农业实况。

为期三年的学习，为我今后的人生开启了一扇新的大门，给了我很多不同的启发。我认为，后来我所倡导的——提高开发人员的"意识""做法""技能"的"开发之三提高教育"就起源于此。

新开发的拖拉机获得优良设计奖

1987 年，新开发的拖拉机 X24 荣获优良设计奖（G-mark），这是久保田第一次获此殊荣的产品。此款 X24 机型设计灵感来源于我于纽约学习到的技术知识。三年的技术研修让我接触到了先进技术，并将所学运用到了该款产品的开发之中。

1983 年回国后，我自南向北开展对日本农户的市场调查，同时继续探索新型拖拉机的开发课题。我将在美所学知识和日本所见所闻的第一手"新鲜资讯"有效结合，诞生了很多新的想法、新的主意。

我将这些新理念称为"高性能低价格战略机"。我的想法是，开发一款既保持原有小型拖拉机具备的灵活性，又具备与中型机基本性能等同的廉价机。在吸收最新技术的同时，在开发过程中将客户立场贯彻到底。其中特别用心的一个地方就是实现了"驾驶室化"，也就是生产出了自带顶棚的拖拉机。这样一来即便下雨，农户们也不用穿着雨衣冒雨作业，目的就是要把人们从脏乱差的工作环境中解放出来。

根据我个人的市场调查，客户在购买拖拉机的时候，大多数农户一般都是先对产品目录进行性能比较，然后听取销售人员的介绍，并在田地实际试驾后，最终由夫人拍板决定。但是对于农机购买的老手来说，我发现大多数人都仅凭产品外观和价格就决定是否购买。说到底，客户评价品质时所看重的，越来越倾向于产品的外观。

也就是说，最重要的是：要将凝聚了开发人员心血的产品内部的优良品质，通过产品外观表现出来。这一点从 X24 取得 G-mark 奖这个事实就能很容易明白，所以将其设为产品的开发目标。比起获得"优良设计奖"和自我推销，更需要做到的就是获得公共机构的好评。

关于机器的主要卖点，我加入了如下几条：①身材小但发动机功率大（操作性），②安装拆卸自如的驾驶室（遮雨防晒），③加大前车轴距离地面高度（方便跨过田垄），④发动机框架构造（防震），⑤设计先进（取得 G-mark 奖）。我将这些内容写入"产品开发企划"后，与相关部门协调讨论并进行了几处修改，之后便获得了开发的许可。

我们用黏土和泡沫塑料做成了与实物一比一尺寸的模型。包括了引擎盖部分、踏板部分、方向盘部分、遮盖车轮的挡泥板部分以及座椅部分。轮距及胎面、座椅位置及方向盘位置，还有相关联的踏板高度及位置，都进行了多次试验才最终确定下来。

对于外观设计，虽然有公司设计部负责人员的协助，但设计的主要尺寸和形状，还是要交由开发人员整理后确定。这是因为金属分割面分配等问题很大程度上关系到成本的高低。产品开发时的外观设计，绝不可全权抛给设计部负责。

我们的口号是"为客户呈上三份感动！"

在此之前，我自己所经历的产品开发现场都是充满"乐趣"的。不过，全身心投入到工作中时的"乐趣"会转瞬即逝，当看到立在眼前的成堆课题时它就会消失殆尽。而真正的"乐趣"，是在完成工作之后的"如释重负"。举个例子来说，登山虽然过程很痛苦，但登顶后的快感和下山后的满足感、充实感是无法比拟的，我所说的"乐趣"的感觉就是如此。

当接到市场投诉时，又或者努力工作却没能解决问题而不得不改变方向策略，当遇到类似的情况时，有时会失落沮丧到极点，甚至认为从此会一蹶不振。这时候，我总会安慰自己说："人生，有谁不是有一得必有一失！"

产品制造的奥妙之处是什么？如果被问到这个问题，我会毫不犹豫地回答"让客户开心"。也就是生产出客户心目中的产品，得到客户的正面回应并将产品买走。这就是开发的"乐趣"。开发出来的产品无论是什么样的，肯定都能够从客户那里得到最贴切的评价。也就是说，开发人员是以产品为媒介在与客户沟通。

产品制造，并非是满足了客户就结束了。客户的需求随着时代的进步不断提高且日渐多样化。也就意味着，产品无终点，开发无正解。所以这也正是"乐趣"所在。在事业全球化的背景下，只要赢得市场就能够获得全世界开发人士的关注。我们要为此而战斗。虽然课题也很多，但"乐趣"的巨大也是超出想象的。

开发是向未知世界的挑战。手里做的是平日未曾涉及的事情，实际情况也并非充满乐趣，并且还要同时考虑客户心情。即便如此，只有从事这份工作的人才会有他人不为所知的感慨。也就是它潜在的奥妙之处，即"乐趣""快乐"和"魅力"。

我在从事开发工作的现场会发出这样一个口号，"为客户呈上三份感动！"

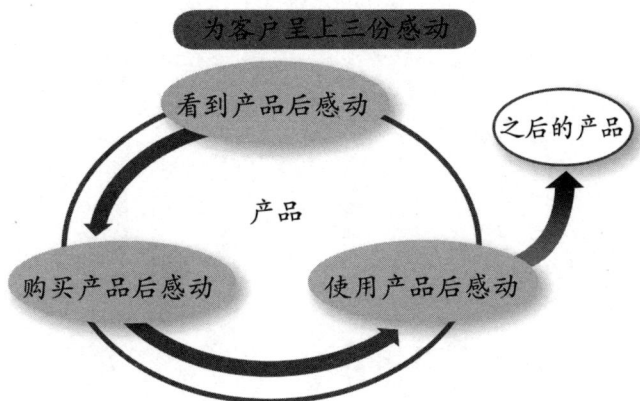

为客户呈上三份感动

看到产品后感动

之后的产品

产品

购买产品后感动　　使用产品后感动

只有顾客

"看到产品后（被外观和价格）感动"

"购买产品后（被性能和机能）感动"

"使用产品后（被维修保养和耐久性）感动"

才可以说客户注意到了开发者的想法。接下来，如果能够吸引客户购买之后的产品，那么足以证明这个开发取得成功。

我回忆了一下自己进公司 20 多年以来的经历。我的每一天都充分地体会到了产品制造的乐趣和奥妙。

　　之后虽然从事的是扭亏为盈的工作，但每一天与"成本"斗争的日子也备感充实。

3 "创造"成本的乐趣

若只盯成本注定失败

一旦无法产生利润，很自然地首先考虑的就是削减成本。但是，如果只盯着削减成本，有时会跌进意想不到的陷阱中去。

讲一讲我在久保田工作时的失败经历。

我所在的工作现场，曾策划推进过一次开发革新运动，它被称为"TCR（total cost reduction，总成本削减）20"。也就是说，以将现有产品成本削减20%为目标，实现降低每个零件的成本，力争最后的综合成绩达到预定数值。实际操作方式是，每个部门分别针对某一零件，提出例如"在此处进行改动可节省10日元"的建议，还要用图纸和账目的方式表现出完成度，以与公司其他部门竞争。

结果如何呢？确实有那么一部分结果得以采用，但绝大部分都不了了之。

进一步分析来看，该成本降低运动的实际情况是，比如把本来是立体状、使用高级铝材压铸而成的标牌，改为薄铝板的标牌或者胶带状可粘贴的名牌，又或者是把镍铬电镀的方向盘操作部分的零件，改为用油漆涂抹等。也就是说，结果是虽然保持了产品的性能和机能，但每个零件的外观都更显廉价。这种用便宜赢利润的单纯降价运动，别提客户了，都引来了产品销售人员的极大不满。

失败的例子还有几个。

把引擎盖或遮挡物之类的外层金属板全都换成塑料材质，由此预估的成本会大幅降低，同时由于塑料特有的优良成形性能，产品外观的新设计也让人眼前一亮。

话虽如此，与该开发相关还发生过非常幼稚的事情。将拖拉机前盖换为塑料材质的新机型发售时，虽然对产品整体的评价并不糟糕，但前盖遭到了客户的投诉。由于耐光性弱，在店面只展示了几个月，橘色的外观已然褪色，失去了光泽。

另外，日本东北地区的烟草种植户对此也是意见很多。烟叶被采摘之后，在只留有烟草根茎的田地上进行耕作时，前盖撞到这些根茎后，立马变得支离破碎，无法使用了。

变色确实是个问题，但前盖破碎真让人束手无策。后来听别人转述，当地的门店随机应变，安装了管状防护具才得以解决。

开发成果是乘法运算。不管成果多么优秀，一旦发生了市场投诉，二者相乘结果只能为"零"。

为什么经历了这么多次严格的试验，还会发生这样的事情呢？调查后发现，在试运行阶段，表面实际是塑料材质的，但使用的却是形状几乎一致的改装后的金属前盖，以此通过了耐久性测试。当时的开发，是不会想到在试运行阶段用正规的金属材质替换塑料零件后再进行试验的。现在来看，这想法幼稚到不可思议。

从失败中走出的我，得到的教训是开发现场的成本降低不能只盯着成本，还学会的一点就是，"群众的眼睛是雪亮的"。

一般来说，利润率越高的产品越难卖，相反利润率低的机型卖得更好。换句话说，顾客只要发现了迎合他"买到即赚到""便宜到家了"心理的产品，就会真的入手购买。相反，如果隐瞒客户降低成本，不当盈利，市场是不会给这种便宜的产品放行的。这可以说就是"产品制造"的真理所在吧。

被"创造成本"的乐趣唤醒

为了降低成本，广义上讲有两种方法。一个方法是，在保留零件或组装单元原形前提下，降低材料、购买、物流等方面的费用，或者改善加工方式、促使组装方式更加合理等以期缩短时间，由此达到降低成本的目的。另一个方法是，从设计开始彻底、重新审视产品构造和零件形态，进行与产品开发有关的成本改革。

采用第二种方法大多都能够实现零件减半、成本减半，甚至再过几年再次实施后，仍能实现零件减半。大家是否对竟然能够降低这么多成本感到不可思议？那是因为，客户的需求在不断提高且日渐多样化，客户自身成本意识也在不断提高。为了应对这样的变化，产业界的成本降低技术也在加速进化，开发人员的产品制造意识和机能不断提升。

回忆一下我过去做过的工作，当时那种"物美价廉！一举夺魁！"欣喜若狂的心情在五年后再度看到该款产品时荡然无存，只会深深反省"这是什么东西啊。本来能做的更好的。""为什么五年前没想到呢"，然后就想要对它做出新的改善。

在这里，我想再次定义一下"成本"的含义。

我所认为的成本，绝不是产品开发结束后通过结果显现出来的原始价格。所谓成本，与产品开发过程中通过对产品性能和机能的设计进行的创作一样，是在产品图纸中创造出来的东西，除此以外别无其他。"成本是创造出来的"，这就是我对成本的再定义。

而引导我领会到成本是"创造"出来的这一点的"契机"，就是前面提过的四轮驱动拖拉机的开发。掌握加工技术、对零件加工相关成本全部掌握之后，再投入设计，身在之中我时常感叹这是多么充满乐趣、让人心身愉悦的一件事啊。

然后如果能进一步简化零件焊接和构造的话，就掌握了提高品质和性能的方法。最重要的就是，要打消一直以来认为成本即结果的旧思想，要领悟到：成本是开发的原点、成本是"创造"出来的。

在久保田的时候，在某次开发现场进行试算时，他们告诉我"多画一张图纸，经费就会增加十万日元"。确实如此。每增加一个零件，材料费、加工费、模具及治具损耗费、物流费、组装费、仓库管理费等各类经费花销都会发生。甚至还有人是这么说的，"多一个零件，不但会弄脏十个人的手，还会产生十种偏差"，零件多影响的不止是产品成本，还有品质也会大打折扣。

零件减半后品质上升的理由

经常有人问我，零件如果减半，产品会不会易损，品质会不会降低？我的回答是，确实如此。如果就在目前构造的状态下，把零件一件一件拆卸掉，恐怕立马会出现破损，机器也会运行不畅。

这里所说的零件减少的意思并非是从现有构造的产品上直接取下一两个零件。比如说，假设现有产品上安装的刹车装置，是由 30 种零件组成的。为了减少该刹车装置的零件，就需要从头开始重新设计，要考虑的是比如如何让刹车性能获得必要的制动力？如何修正操作杆位置？等等问题。还要对相连接的零件进行调整。通过反复绘图，刹车性能的"最少零件数"及"最少成本"就浮出水面了。

就这样，原本需要 30 种零件组成的产品，通过努力可以减少到 20 种、15 种，甚至仅 10 种零件就 OK 了。按此方法操作，零件减少后的产品，其品质甚至要胜过 30 种零件的原版。

这是由于零件的累计尺寸误差降低的缘故。零件减少后，需注意和管理的地方也会减少。特别是刹车装置是事关生命的重要的安全装置，所以提高品质是非常重要的课题。一般来说，零件件数削减率和品质提高率是成正比的。

我领导的自动售货机重振项目曾受到某大型饮料厂家的褒扬认可。久保田的自动售货机在业界以低故障率驰名（A公司49%，B公司28%，C公司26%，久保田13%）。为什么会保持如此高的品质呢？答案很明显，就是零件的件数少。

前文提到的饮料厂家，曾告诉我这样一个信息数据。自动售货机中设有的制冷和加热系统发生损坏时，将该系统取出、组装的过程需要在最短的时间内完成。以前一遇到饮料厂家制冷、加热系统发生故障需要修理时就特别让人头疼。

我们所开发的产品完美解决了这个难题。装卸最费时的电子连接器件数和螺丝个数的总和，我们久保田的产品是最少的（A公司44个、B公司32个、C公司20个，久保田10个）。

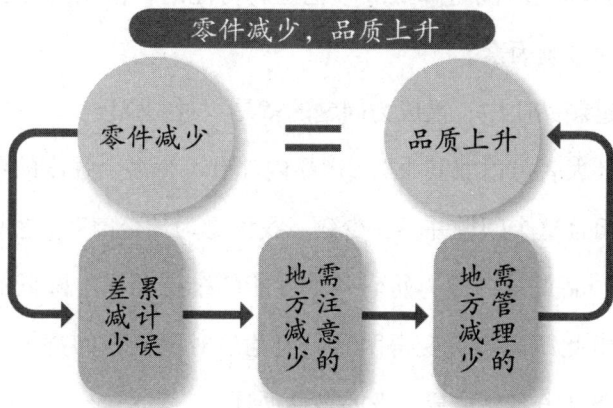

零件减少，品质上升

零件减少 ＝ 品质上升

累计减少差误 → 需注意的地方减少 → 需管理的地方减少

这项成果在整个业界也创下了零件数最少的纪录。

这项成果得益于自动售货机重振事业，那时为了成功实现重振目标，我们为创造理想的产品构造、降低产品成本而竭尽全力。这也是零件减少后品质提升的最有力的证明。

为何过剩品质会成为问题

在考虑成本的时候，还有一点要切记，即过剩品质的问题。对客户来说，多余的功能，多余的性能以及多余的品质，三者合一被称为过剩品质。那么它为什么会成为问题呢？这是因为，以上三者因成本上升导致售价也被抬高，结果产生的不必要的品质就被强加到了客户身上。当然，通过赋予新技术及知识，努力提高品质的同时降低成本也是有可能的，但没有必要让高品质成为过剩因素。

在过剩品质中，最成为问题的就是"过剩强度"。我们经常说"得其大者可以兼其小"，产品内部有不少多余强度的零件或构造，而且这个问题并不在少数。我称之为"赘肉"。这些赘肉加重了产品重量，成为妨碍基本性能的维持和成本降低的重要原因。由此压低售价变得困难，与竞争对手抗争的竞争力也会变弱，并且很容易造成开发的恶性循环。

为什么会发生此类"过剩强度"呢？问题出现在开发阶段对产品的精益求精改善工作上。假设产品有几处强度不够，这时候试用机就会通过测试进行评价，或切割或弯折或磨损之后发现问题，然后进行加强。但是，所谓"过剩强度"是反复进行多少次测试也都看不出来的。即便通过强度解析或适应力检测后能够看出来，但受到重新设计费时费力或开发阶段的一些制约等问题，只好视而不见将其制成商品出售。这样的案例不胜枚举。

虽然是多余的功能、多余的性能、多余的品质，但其实对客户来说多少算过剩，多少算正合适，实在很难判断。相反，有时候多余的品质反而在客户眼里有着别样的魅力。比如说客户不满意产品的实际耐久力，就有销售人员会这样去说服顾客"我家的产品，因为比别人家都结实，所以在整个业界重量也是最重的"。

可能很多人会觉得，即便现在多余，但将来这些会成为必要的功能或性能。微波炉、洗衣机等，都有"全能"款式，但相反越是功能简单的越是卖得最好。最重要的是，要搞清楚顾客是否认为售价合算，产品何处会让人有"买到即赚到"的感受，这种感觉程度是多大。我认为，让客户产生"买到即赚到"想法的因素，并不是过剩品质。

第二章
产品制造很有趣

"便宜到家"是客户感觉到的成本

年轻的时候，在开发四轮驱动拖拉机之前，我一直都只是默默地面向制图板全身心进行设计工作，也正是因为如此我在工作中才积累了相当多的经验。但是，从事拖拉机开发工作之后，我的工作方向发生了巨大转变。即变成了以成本为主题的开发工作。我认为这是我与成本的第一次亲密接触，从此开启了我的开发人生。

了解成本之后，我意识到成本有两个尺度。一个是，实际发生的成本，另一个是"买到即赚到""便宜到家"这样的由客户自身感觉到的成本。

在从事耕地机事业的重建工作时，我听过这样一个说法。

"坐上耕地机，最恐怖的就是从马路下到田里和从田里爬上马路的时候。有种马上就要后翻的惴惴不安。"

我想，是否可以使耕地机具备一定功能打消客户的上述不安，以改变销售情况低迷、由此突破不景气困境呢？于是，一款被命名为"过田埂机器臂"应时而生。使用者只需从驾驶座下来，进行几下简单操作就能将耕地机拉入田地。

实际成本是一台6 000日元，但对此作出"肯定大卖"判断的销售公司老板定了七万日元的价格。预置在店里的 100 台机器一进入市场就大获好评，迅速卖光。这件事让我切实感受到：对于客户来说，合算才是成本。

"便宜就好卖？"非也

最近看到几则这样的新闻（2014 年 3 月 11 日刊日本经济新闻报）。

德国汽车市场向低价车转型，开始销售 100 万日元左右的车辆。由于具备购买力、又讲究性能和设计性的消费者逐渐增多，本田 AMAZE 等轿车或运动型多用途汽车（SUV）备受青睐。而 TATA Nano 人气剧降。这说明并非"便宜就好卖"。

本田势头如此猛进，其缘由在于，它成功打入了中层消费群。AMAZE 的基本价格 60 万卢比（约折合 100 万日元）左右，与中层人士消费水平基本吻合。2009 年开始发售的 TATA Nano 则设定为 20 万日元，即便档次再高也不过 40 万日元。记得有报道说该车还进行了彻底的成本节约，后视镜只保留了一个等等。但中层人士收入增加后，该款车也渐渐失去了人气。

产品价格造成需求和供给发生的变化从何而起，当考虑这个问题时，就会发现它十分有趣。开发者和客户之间通过产品联系在一起，当客户感到"买到即赚到"时就会购买；让客户感到"这样比较合算"的产品才会热卖；而并非是"便宜就好卖"。

第三章

造物头脑的锻炼方法

1 锻炼头脑的方法

开始现场教学的契机

我在久保田被委任负责扭亏为盈事业的时候，最有效的就是之前我介绍过的"全员参与式同时体验原则"的现场教学。这种现场教学最重要的是，让开发团队全体成员有共同想法，共享明确目标，改变之前的工作"方式"，并由此提高基本技能。

一开始进行现场教学，我并不是充满了信心。那时候我被任命为赤字事业部的开发负责人，在现场士气低落，时间又很紧迫的逆境中，我努力考虑着自己能做些什么，而现场教学就是我想出来的唯一办法。

如果是在像现在一样的经营环境恶劣的时代，这个现场很是不划算，它满是累计赤字，需要进行整顿。在这样的部门，作为一个负责人，只要抱有"无论如何必须想办法"的觉悟进行教育，就会越做越有效果，部门成员并由此得到鼓励，这时的士气可以渗透到整个现场。

产品开发不是单独作战。通常需要数名或数十名成员组成的团队来进行。为此，不但要求每位团队成员具备较强的专业性，同时也需要其具备产品制造的基本技术水平。为了能够做到切实实施，最有效的做法就是全员参与并同时体验的教育方式。

前几天，我接到某公司的委托，邀我去进行成本培训。我马上根据作为教材使用的"成本合算手册"，为他们制订了两天的课程计划。但是我到了之后发现，很明显参加者中鲜有年轻人。问过负责人之后才知道，他们安排的培训对象是科长以上的职员。这样并不好。特别是在成本教育上，对这个阶层开展教育并不是好主意。因为如果这样下去，结果就会变成"成本计算是科长以上的人需要关注的事"。年轻职员也会认为"无须考虑成本"。成本必须由全体开发者按照同一个标准进行评价。

开发项目的阵容并非越多越好。有人在的地方就会有花销。劳务费越多，开发成本就越会上涨。我的经验是，开发团队成员人员配置基准以200张产品图纸配一个开发人员为原则。如果有1 000张图纸，包含团队负责人在内就是五个人。有时候也会让新员工加入。为了增强开发成果，就需要在有限的阵容里加以锻炼，以达到提高全体成员技术水平的目的。

我曾经从事过的拖拉机、耕地机、自动售货机事业也是如此，每项事业的前任项目经理虽然付出了艰辛努力，但仍然没能实现事业重建，我至今都认为，他们没能成功的原因是产品制造的 OJT 教育并不是"全员参加"。

成本核算手册——迅速把握总成本的手法

在产品开发的过程，为了掌握所有的成本就要在设计上下功夫，这是我从久保田时代开始努力开展的——以获取成果的现场教学的手法。这时候不可或缺的工具就是，前文提到的"成本核算手册"。如果使用"成本核算手册"，就能够计算出每个零件的材料费、加工费、涂饰费、组装费、治具费、打包及物流费。只要计算出以上的总额，就能够迅速把握开发时的总成本。

投身于新产品设计的时候，开发者会遇上很多烦恼。

比如说，我们假设要设计一个传送动力的简单的轴部件。开发者需要考虑很多因素，比如轴端如何、轴间距离多少、要用什么材料、进行怎样的加工、淬火强度如何、怎样研磨，以及组装方法和物流如何开展。这时最让人绞尽脑汁的是，如何让产品具备可承受住损耗、热变形、震动、长锈等情况的强度或韧性。然后就能根据试验数据、解析数据以及文献或经验法则等数据较为容易地找到这些问题的答案。

一看就知道这些是产品品质的相关问题。身处开发现场的人，大家都会认为首先要从产品品质开始考虑。

然而这个时候，成本问题往往存在于喜欢把什么问题都推后解决的开发现场。一旦会画图纸，就可以安排试行零件、组装使用机器，连试运行和耐久性测试都能够做到。如果进行到这个环节，即便成本增多、稍微超出预算，也不会有人建议进行重新设计以改善性价比。

那么，如何才能让开发人员在制作产品企划图或零件图的同时，就能够很容易地"看懂成本"呢？为此制作的就是"成本核算手册"。

使用"成本核算手册"，写入成本核算并非很难但需要很多前期的努力。需要学习并且必须精通如各式各类材料、加工方式及加工工序、另外还有治具、金属铸模，甚至包括物流。

从这个层面出发，在实际的产品开发阶段，制作"成本核算手册"，重复进行成本积累并核算的工作，是最为实际的现场教学。

CD100 日元提案——实现了成本降低六亿日元

"CD100 日元提案"始于拖拉机事业的重建时期，意思是每一台实现成本降低 100 日元以上的目标。全体开发者在每天早上进行的"产品制造讲座"中，学习成本计算方法、成本降低"技巧"（约六个月后），然后又加入了"CD100 日元提案"。这是模仿当时势头正猛的百元店和百元回转寿司店而命名的，"产品制造讲座"的 30 分钟里有 15 分钟用于讨论"CD100 日元提案"。

"CD100 日元提案"变成了以图纸为媒介的交流平台。一开始是小团体大概 20 人左右，早会的时候大家围成一圈，听当天演讲的人用手绘形式阐述观点。这虽是我心血来潮的想法，但却成为一种尝试，尝试建立起了项目组成员们沟通想法、对比观点的意见交流平台。

最开始举步维艰，但大家习惯以后阐述的内容变得越来越丰富，成本降低效果好的提案也不断涌现。所有阐述的内容都很务实，所说的课题也是在实际中努力开展的。通过阐述实现了全员参与同时体验，在大家面前发表观点的做法也提高了全员沟通和企划的能力。

为了实施"CD100 日元提案"，前提是需要具备能够立刻掌握零件或组件成本概算的水平。该团体中好几个成员都已经达到了能够核算出成本的水平，所以项目开始后不久就得以实施了。

另外，在其他项目因裁员被合入本组的、不具备任何产品知识的五十多岁的成员也参加了这个活动。在其本人的努力和周围同事的支持下他所提出的"CD100 日元提案"丝毫不逊色于其他成员。

"CD100 日元提案"一直都是摸着石头过河，但提案中的90% 以上都被制成了设计蓝图，虽然每隔数日轮换阐述观点，但每个人的提案都层出不穷。

在那之后，耕地机、自动售货机的开发事业中，我也实施了"CD100 提案"。这些开发部门的人员多达 70 人，有的甚至有 120 人，所以就两人一组、每周进行一次阐述。这时使用的工具不是手绘，而是 PPT，每次用 5~6 张 PPT 进行阐述，提出的方案的水平也非常高。

特别是开展自动售货机事业时，在三年时间里举办了 147次学习会。仅是公开的成本降低额度，年平均额就达到了六亿日元。之后经过了重建目标的三年之后，彻底摆脱了大规模赤字，之后也拿到了 10% 的营业利润，成功实现扭亏为盈。

发掘 IP——试着拆解其他业界的人气商品

"发掘 IP"，这是独一无二的一个词汇，也是我个人思考出来的策略。

前文也曾多次提到，我在久保田的时候作为负责人开展过多项事业重振工作。肩负事业重振大业而赴任的我和各个开发现场的开发人员之间有一道看不到的屏障。但是，即便我对事业重振并未有十足的把握，只要看到周围的产品的时候，就知道，那里藏着"宝藏"。

但现实的职场在默默地被贴上"赤字事业"的标签之后，开发所需的预算、人力、时间都不够，整个工作场所笼罩着灰暗的气氛。为了打破在这样低沉环境中工作的开发人员与我之间的壁垒，激发开发人员的"本能"，我决定执行"发掘 IP"策略。所谓"发掘 IP"指的是，在竞争激烈的领域制作出来的产品中"必定存在着值得学习让人印象深刻的地方"，这是我自己从长年亲身体会中得出的、提高开发人员积极性的训练方法。

IP 是"令人印象深刻之处（Impressed Point）"的缩写，而"发掘 IP"意思是，拆解人气产品之后，在观察其内部构造及个别零件等的同时，找寻"令人印象深刻之处"，也就是能让自己意识到那是凝聚了未知知识和技术的地方，这样进行的现场教学就是发掘 IP。

对不同种类的商品或者作为标杆基准的其他同行公司生产的产品进行拆解的同时，要对比个人具备的技术，认真思考。将经此挖掘而来的 IP 在 A4 大小的纸张上用手绘的方式描绘出来。在对汽车等进行拆分的时候，一般规定的任务量是每个人要找出 30 处。

这项工作曾禁止使用照相机。乍一看这个做法可能有点舍近求远，但实际上是因为用手绘表述会在脑海里留下更深刻的印象。"发掘 IP"策略锻炼的是，亲自将人气商品中凝练的亮点找出来的眼力，以及将其传达给他人的阐述能力。

"这样就便宜了，简直太厉害了!""这个点子太绝了!""到底是如何想到这个的呢?""这样的点子，我是怎么都想不到的!"……

在进行"发掘 IP"时，总会听到这样的声音。惊叹、激动同时也会感到一丝沮丧。但参加者大多都能对开发产生越来越多的兴趣。

我在进行被称为全面改款机械的开发之前，会让全体成员进行发掘 IP 的工作。目的是要让成员们切身体会所谓的全新开发必须投入怎样的"智慧"和"技能"，而事实证明我的做法是行之有效的。

发现产品制造"技能"时的感动

从久保田时代至今，我曾进行过"发掘 IP"策略的商品主要集中在汽车、家电产品、IT 产品等种类上。这些产品每一种都可以被称为技术发展速度惊人、充满"令人印象深刻之处"的宝库。

特别是我们拆解了汽车市场上的大发 Mira、丰田卡罗拉、本田飞度等人气车型，在仔细研究过后，各种发现被收入囊中。

比如说 1997 年拆解的丰田卡罗拉，它的变速器里大大小小的齿轮共有 29 个，但 2008 年拆解的丰田飞度变速器里只有 3 个齿轮。变速装置也是如此，前者是离合式的同步齿合型，但后者已经进化成为使用无级变速、金属传送带进行的 CVT 无级变速方式。

另外，该技术原来是在欧洲实现了实际应用。在日本被搭载到富士重工的 Justy 款车型中，因其绝佳的操作性能和节省能源效果备受推崇，现在也被很多轻型轿车或大众车型所青睐。

家电及 IT 产品也和汽车一样，有很多值得学习的、非常出色的产品制造技术。例如数码照相机。

本田飞度的"发掘 IP"（引擎发动机）

发掘 IP

日期 _____

姓名 _____

题目：FIT 引擎发动机拆解

（本田）

Impressed Point（以图示方式表示令人印象深刻之处：关于成本）

1	活塞栓 不使用卡子	6	相当于摇臂的凸轮轴的地方变成了轴辊
2	曲轴箱和轴承箱合为一体 没有轴承箱 金属	7	连杆厚度减少了10mm 左右。
3	进气歧管曾是树脂制的。久保田是ADC10。	8	凸轮轴尖端成了六角形。
4	油盘上安装有滤油器。	9	排气歧管是金属板和管道焊接后制成的。
5	顶盖内侧的通气阀部分的金属板不是用一般螺丝固定的，而是较小的螺丝。	10	火花塞在一个气筒上设有两处。

二十多年前，为了给参加运动会的大女儿拍照留念，我购入一台数码照相机，而这台相机体型庞大到只能用肩扛着。为了便于找到目标，特意让孩子穿了双红色的袜子出场，但透过取景窗看到的画面都是黑白镜头。最终也没能拍到穿着红色袜子奔跑的女儿的身姿。

但是在那之后，数码相机越来越小巧便携，从护照大小到手掌大小，进化得越来越"小型""轻巧"。同时，性能越来越好，但价格越来越便宜。

像这样的例子不胜枚举，这都是在市场上值得我们开发人员学习的技术进化的活生生的案例。它们是前辈们兢兢业业奋斗而来的产品制造的智慧结晶，只要有学习的意识，我们就能够从这些取之不尽的教材中学到海量知识。"发掘IP"就是能够学习知识的最为简单直接并有效的现场教学方式。

因为我从小就对"机械"有着超常的憧憬和兴趣，所以这些教学方式很大程度上都贴着我的个人标签。我对这些产品制造"技能"的兴趣，从进入久保田之后渐渐地脱离了我个人。当升职为课长后，我将自己努力获取的"IP技能"教授他人，下属们在追随着我学习的过程中每个人眼里都闪耀着光芒。

开发部和生产部都设在一个场地，所以我经常带着下属去工厂现场参观"车轴的摩擦焊接是如何加工而成的"等，这也是我个人兴趣使然。在这类形态种类较多的零件设计上，当我认为冷锻造最为合适的时候，为了得到大家的认同，有时我们会去考察工厂邻近的禧玛诺自行车工厂。可谓"百闻不如一见"，那时候就会切实感受到对实物的眼见手触有多么重要。通过在现场学习实物，开发人员才会成长。

从自行车上看到成本降低的"技能"

为了降低成本，自行车行业也有好的案例。自行车一直在不断凝结世界产品制造的"技能"。而作为我们产品制造的教材，最初学习的就是自行车行业。

自行车三脚架使用的是铁管和铝管。而管与管之间的连接，使用的是"新技巧"。30年前的自行车，管与管之间是将一种被称为插座的连接零件焊接后使用的。现在已经不再使用连接零件，使用的是叫作"相贯线焊接法"的技术。通过将管与管之间的连接部位相互紧密地直接焊接在一起，使成本达到减半的目标。当然，这也是焊接技术进步的结果。

踏板曲柄底端的固定方法，也凝聚了零件减半、成本减半的"技巧"。踏板曲柄底端指的是大直径链轮齿轴在左右两侧伸出来的部分，以及附在其上的踏板曲柄。此处以前的做法是，将曲柄轴螺孔从一侧开始进行螺丝槽加工，在其横截面上垂直相交的钻孔处嵌入一种叫作开口销的零件以固定住螺丝。而现在使用的"技巧"更为简单，即将车轴部位加工成了方形横截面形状，在该横截面上设有一个小斜面，从车轴方向用螺母将其固定。而这一做法也成功将成本降到了原来的一半以下。

自行车灯也有着让人惊叹的"技巧"。我在拜访印尼三电公司的法人代表时，社长带我参观了工厂。那时，他让我看了一幅画框。在长约80厘米宽50厘米的画框里，就如昆虫标本一般摆放着该工厂生产的车灯的拆解零件。上方是以前车灯的零件，下方是现在生产中的车灯零件。

"零件数减半后，向日本的出口价格就减少了160日元。"社长说。我惊讶于其价廉，更对零件数能够实现减少的事实惊叹不已。遗憾的是，零件数具体减少了多少这一数据我已经完全记不清了。在这个本就劳务费低廉的国家，社长向我传达的那份喜悦，其内涵正是"以零件减半达到改善成本之效"。

发掘 PP——挖出潜在问题的方法

"发掘 PP"的诞生，源于1993年开始着手进行的拖拉机事业重建中发生的"重大投诉"事件。关于这件事情时至今日我仍然不愿想起。拖拉机项目中，通过新款小型拖拉机开发的起步，两年九个月之后成功扭亏为盈，本应喜出望外的时候，从美国的销售公司突然发来投诉，指出该款产品有缺陷，在寒冷地带操作时易引发事故。

调查后得知，我们确实在这款拖拉机试运行时对其耐久性的测试过于自信了。因为发生了"重大投诉"，推翻了所有成果，一切瞬间归零。对于战斗在统一战线的下属和同事们来说，这件事都是羞耻的回忆。

为了杜绝如此辛酸事件的再次发生，在耕地机项目重建的时候，我们引入了新的系统，即"发掘PP"。它的前提是，开发阶段中为预防潜在问题被忽略而发生投诉，于是就以两倍零件数为目标，彻底挖出潜在问题。因此，在开发过程中，充分调动每位开发人员的火眼金睛和想象力，将尚未显露的内部所潜藏的问题一一找出，进而逐步推进开发。这就是我们采取的新方式。这是比发掘IP这一方法更为复杂的做法，但在有限的开发期间，我仍然做到了彻底执行这一系统。

其结果就是，无论是耕地机事业还是自动售货机事业，虽然还是有些微投诉，但没有出现波及全体的"重大投诉"，"发掘PP"的效果立竿见影。在这些开发中，零件未被兼用，产品的所有零件都是全新制作。也就是从这时候开始，我对"发掘

PP"方法的效果更加地胸有成竹。

通过开发人员开展的市场调查

企业一般都设置有事业战略部、产品企划部、市场部以及市场调查部等，通过多方面的信息收集，开展新产品的规划。但是从我四十多年的开发经验来看，属于公司功能机构的产品企划部实际上就是个摆设。

作为身处企业组织中的人大多会认为，从总部传达而来的指示是"上面的声音"，所以必须郑重对待。无论是正中要害的指示，还是不痛不痒的指示，任何一种都需要慎重对应。从总部来的指示其主题，不外乎国内外调查机构的数据或者政府白皮书、来自经济产业界的较为宏观的对数据分析后得到的趋势预测，而在此基础上，所属公司应如何对应等。

类似这些来自总部的指示（产品企划）一旦传达到开发现场，就会被迎合接收，即便有反驳的想法也苦于没有数据，而往往只能落实。对于负责人来说，确保开发预算很容易，也很有安全感。但据我所知，这类开发数据大多最后落得一败涂地。不过，从失败中吸取教训，开发部最终意识到应当独自开展市场调查。

我在拖拉机开发部门工作的时候，从事着开发工作的同时，也担任教导老师长达十年。教导的目的是"杜绝脱离土地"。"杜绝脱离土地"是以农机开发人员为对象的工作警示语。农户们耕地、种植，与土地共生。我们的农机生产也是如此，农户就是我们存在的意义。因此，以庄稼和农户为"现场"，务必做到"不可离开！务必接近"。所谓教导老师的职责，就是指导200人的开发人员，督促他们一年进行七天的市场调查，并确认和监督此日程是否实现。

我以此为经验，在指挥拖拉机、耕地机、自动售货机开发中，进一步开展强化实效性的市场调查。该市场调查就是我布置了"十天内，每天收集200个项目信息"的指标任务。当然，我深知这对开发者来说时间并不充裕，所以也曾担心这会不会招来他们对市场调查的反感，但经过耐心解释之后，这一做法终于被接纳了。

开发人员总结的数据内容丰富多彩

开发团队全员携带录音设备奔赴全国各地的展示会、现场试运行、面向店铺的销售促销活动等开展调查。出差3天，每人就可收集600个项目信息。这项工作需要切实努力而且很花费工夫，但在全国跑一遍后，每个人都实现了预定目标。

进行市场调查的时候，最重要的是要收集①现场所闻、②现场所见、③现场所感。答案千万不能通过突然问客户"您想要什么样的产品"得来。

应该在正在使用的机器前，一边讨论，不紧不慢地引出答案。对象不仅是客户，销售及售后的声音也很重要。展示会上的反应也需要关注。

①现场所闻，即要在现场将包含客户在内的相关人士发出的"第一手信息"原汁原味地、尽可能细致地带回来。还有就是收集"沉默的大多数的声音"也尤为重要。②现场所见，就是在现场自己亲眼见到的实际的操作方式或工作状态。同时，机器上的细微损伤情况也是非常重要的信息。③现场所感指的是自己从内心感受到的当时的气氛等，这也是非常棒的市场信息。有时还会巧遇竞争对手公司，因此而有了意外收获。开发部直接进行市场调查的时候能做到真正细化，甚至超出项目之外，这一点让我很惊讶。

将如上所述方式收集而来的庞大调查数据再进行细分，如机器机能、性能、成本、售价、劳动状态、操作性、居住性、外观设计、安全性、其他品牌机器、投诉等，然后分门别类整理成文档便于读阅。数据分类整理后，市场情况就能够由点到面看得很透彻了。

将此作为"产品开发企划书"的基础加以灵活采用，可以说就迈入了成功的大门。开发人员自己收集而来的数据，与总部的产品企划部或营销部整齐的"形式数据"截然不同，其内容丰富多彩。

我在确立新的开发目标时，对开发团队成员不断灌输的理念是：生产出来的产品一定要让顾客有三份感动即"看到后感动、购买后感动、使用后感动"。而将这一理念变成现实的企划书正是从以上所说的信息收集中诞生的。

调查结果的数据整理虽然很费工夫，但让团队有融为一体的感觉会事半功倍。从数据读取到的顾客心声与开发人员以开发产品为媒介呈面对面的状态。开发者自己更加追求获得市场"第一手资讯"。

虽然实际过程中，面对一天200个项目量如此多的任务，也有人表示做不到。但即便收集的信息再少，与客户直接交谈，观察旧产品以及亲身体验市场环境，这些都意义深远。

大企业的垂直结构形成了分工制，在这样的组织制度下，上述此类调查应由专门的市场部负责。确实，对市场整体动向或消费者嗜好进行分析，也就是把所谓人气商品作为客观数据进行分析是很有必要的。但是，这些数据说到底也不过是参考数据而已。

　　我认为从事"产品制造"的人们，如果光按照他人提出的数据进行产品开发，是绝对制作不出像样的东西来的。产品开发的原动力是热情，也就是自己对产品有构思，然后想要把它送到客户手上的那份热情。同时，所谓销售战略，就是要把对产品开发的热情一一展现出来而做的工作。

2 成本是这样减半的

始于有实物的现场

我开设公司对削减成本进行技术指导，已经有五年时间了。技术指导的基本目标是"parts half、cost half"，也就是将现在运行的机器"零件减半""成本减半"。

创业之年（2009 年）的 7 月，我接到了第一份工作订单，之后工作逐渐增加，业务越来越多，到现在就像普通的工薪族一样，一周工作五天休息两天。一年的日程都被预订满了。

最开始有的公司只签半年合同，后来基本上都更改为一年合同。去公司指导的频率是一月一次或一月两次。从上午 10 点到下午 5 点，一天的技术指导时间是六小时。我亲自去拜访从大型企业到中小企业的开发现场，负责窗口多为开发部、设计部，对象主体是设计负责人及其上司，或者根据公司或开发主题，负责制造、购买、服务、品质保证、营销再加上经营的干部都会参加。参加者最多的时候超过 100 人。

在致力于新主题开发的时候，在开始阶段，要尽可能在有实物的现场听取产品说明，要在现场进行指导。产品的实际形态、机能、性能、品质，以及客人使用产品时的操作状态和施加到零件上的力量走向等，如果实物在眼前就会更易于理解。在讨论环节，对看不到的地方，就需要摊开图纸对比观察。

所以，产品不合理的部分就会渐渐浮出水面。在白纸（A3用纸）上画出不合理的构造或零件，向开发负责人提问，"这里如果这样处理，零件数可减少70%""成本也能减少60%""这个提议如何"等等。"这样也可以"，得到这样的明确答复是我指导的目的。如果因为我未理解透彻而提出的建议不得要领，负责人当回复"那样不行"时，就要咨询为什么不行，在重新考虑之后提出新的成本降低的建议。

技术指导的十个步骤

下面再对技术指导的标准过程稍作详述。这个过程，是我长年从事开发工作积累而来的经验中逐渐形成的。

①选定主题机器

成为技术指导对象的机器其实物、组装图、成本表都要请公司事先预备好，接受指导的参加者要以开发负责部门为主体，人选也要提前选定。

②理解整体概况

要从相关人员或开发人员那里听取主题机器的相关信息，包括使用者或业界的定位、开发目的及目标、产品概要等。

③加深对讨论部分的理解

把每个单元及零件的实物置于眼前，掌握其机能、性能现状及构造、零件形态等。不明之处或者有疑问的地方要当时、当场向开发人员及负责人提问，加深理解。

④提出疑问，找出不合理之处

理解一旦加深，疑点就会浮出水面。然后进一步去提问、去理解。无法理解的地方几乎都是不合理的地方，所以反而能够找出不合理之处。

⑤提出符合合理化策略的建议

对不合理的部分，要考虑彻底的合理化策略。成本降低，是对物品考虑方式的合理化，对此跟踪研究后，找到解决问题的办法。

⑥针对一个课题摸索出十种解决方案

对不合理的课题，要想出十种左右的解决方案，把这些多样的合理化策略反复多次琢磨锤炼。

⑦集中精力去做十个办法中的一个

十个办法中，找出最为适当的一个，集中精力去做，向开发人员提出相应建议。在听取开发人员意见的同时，修正并改善。修正遇到困难而发生不适合的情况时，提出两个方案，寻找双方都接受的最佳解决办法。

⑧把达成一致意见的一个方案用手绘方式表述出来

在白纸上用红笔画出"手绘图"。便于相关人员理解的手绘（断面图、斜视投影图以及俯瞰图等构造图、组装图、分解图）是非常重要的。虽然产品不同，但建议在可能范围内按原尺寸（1：1）描绘。原因是可以同时对已设定好力量时的强度进行评价。

⑨将手绘展示给相关人士，加入细节讨论直到双方意见一致

全体人员对手绘图进行讨论，修改不适合之处，将手绘图方案确定为最佳方案。

⑩用雷达图分析法，展示"零件减半、成本减半"的状况

根据手绘图清点零件数，计算成本。在雷达图上将现运行机器及开发机器（改善方案的机器）并行写入，向参加者全员确认是否认为零件减半、成本减半有实现的可能性。

"明白了""看起来行""成功了"

进入这个过程之后，假设产品的构成零件有 200 个，那么经过两个小时的"工作"，展现到众人面前的就会是不到 100 个零件的机器单元。反复多次进行这项工作，直到做出最后决定的开发负责人非常自信地对你说"原来如此，这样一定能成"。

但是实际上，在此之前的阶段，仅做了产品开发结束前 30% 的工作罢了。"这样一来零件减半、成本减半有望了"，这样的说法只是"明白了"的阶段，实际上只是第 1 阶段。并不代表能够实现。

接下来就需要开发人员根据手绘，用真正的 CAD 亲手画出图纸。话虽如此，即便认为已经充分理解，一旦要画到图纸上时也不一定能顺利完成。过去的成功经验及对现状的认可意识都会成为改革的绊脚石。

为了超越这个屏障，开发者自己要更新想法，工作方法及技能都需要不断提高。为此不可缺的就是学习以及反复测试。这之中，反复两次到三次的实践指导是很有必要的。通过多次反复，图纸能够制作出来，并且完成了"原来如此，只要这样做就能成功"的第二阶段。这样就实现了整个过程的 60%。

最后，通过试用机器反复进行试验评价（两次以内），这就是真正的"成功了"的第三阶段，终于得以量产。到达这个阶段后，成员们才会第一次感受到"产品制造"的乐趣与快乐，以及作为一个品牌开发的重要性和价值意义。

首先要想出十个解决问题的方案

我在技术指导过程中，要求成员尽可能独立思考。问题一个一个解决后才会向前迈进，这是开发的走向。从相关的开发中，找出哪里不合理，思考出将其合理解决的办法，才能进入下一个开发工作。

这就是关键。产品制造，在业界或世界市场上如果不胜人一筹就毫无意义。因此无论课题多微小，也需要具备想出十个解决方案的能力。从这十个解决方案中找出最佳方案，集中攻破，制作出最好的产品。我经常挂在嘴边的"开发即想法的合理化"的意义就在于此。

在介绍想出十个方案的秘诀之前，请先考虑下这样一个问题。

如下页图，一块宽30毫米，厚3毫米的倒T字型金属冲压制品，焊接到两个零件上。①零件有两个圆孔，②零件有一个方形口，在相互的接触面两侧进行焊接固定而成。产量是每年 6 000 个，一次订单为 500 个，成本设为 1 个 100 日元。

该零件用于自家产品。下个机种的开发目标是"零件减半、成本减半"。最理想的是进行开发后可以不再使用该零件，但因为即便改变部分构造或形态也需要使用该零件，所以将其作为冲压制品零件，请想出可将成本（包含模具、治具的损耗费）降至一个 50 日元的十个方案。

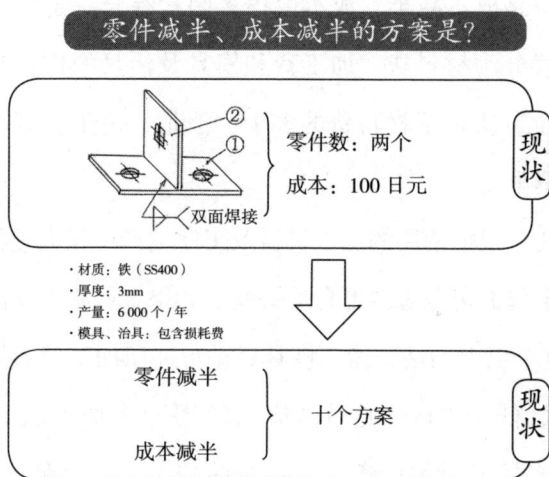

零件减半、成本减半的方案是？

零件数：两个
成本：100 日元

现状

双面焊接

· 材质：铁（SS400）
· 厚度：3mm
· 产量：6 000 个 / 年
· 模具、治具：包含损耗费

零件减半

十个方案

现状

成本减半

上述问题，能仅仅十分钟就可以详尽手绘出来的人是"一流的开发人员"。能提出一两个方案的是"菜鸟"。能提出五个的，是"普通开发人员"。能提出十个方案的，那就是"万能"的大神级开发人员了。

对十个方案进行比较

先说明一下问题的考虑方式。接下来的内容有点专业性，请尽可能看作是灵活性强的锻炼大脑的训练即可。

首先，由于第一个主题是成本减半，所以可以先忽略零件与零件之间的焊接构造，将其视为一体化的零件。

其次，是成本减半。成本由很多因素综合决定的，表现在零件上，就分为材料费、加工费和模具及治具的损耗费。材质和必需的重量决定了材料费的多少。但是，边角料等部分也包含在材料费里。

加工费，根据使用的加工机器及工序会产生很大差异。该零件还是用金属板来考虑会更合适一些。如果金属板一年的预估产量是 6 000 个以上的话，做出模具后进行冲压加工就会便宜。

如果量低于 6 000 的话，那么使用冲床加工法或者用激光进行形态加工后用折弯机进行弯曲加工处理是最为妥当的。（角钢可用锯切断，但无法做出圆形和方形孔，所以实现不了成本减半。）

模具和治具，其每个零件的损耗费都要算进零件成本中。虽然应损耗的数目是由公司方针和产品决定的，但一般是三年左右。

如果能够自己考虑出几个方案的话，就请看一下下页的答案。

看后感觉如何？图中罗列了十种方案。图中展示的所考虑的加工方法是，使用冲压方式开孔和形态加工同时进行的冲孔落料工序，然后通过用冲压方式进行弯折的弯头工序制作出来。

1号和2号的冲压工序一般有四道工序，10号只有两道，所以可以说是所有方案中加工过程最简单的。1号一般是最先在脑海中浮现的一笔成型的方案。它有四道工序，分别是使用冲孔落料工序以及三次弯头工序使其弯折成180度。3号有三道工序。4号是冲孔落料工序和弯头工序这两道工序。5号有割裂部分，所以是三道工序。6号和7号，虽说有剪切抬起的部分，但只有2道工序就是冲孔落料和弯折工序。一般来说，6号和7号的做法较多被应用到零件上。8号需要三道工序完成。它一般用在特殊的情况下。9号工序是四道，即冲孔落料工序和三次弯头工序。它的落料部分几乎接近正方形，小型模具即可做到，另外由于零件形状有较强的稳定性，通用性很强，所以在家居装修市场等就能轻易买到。10号则是最简单的、通用性最强的零件。

图下的数字表示的是零件成本。一般来说，加工工序越多，成本越高。但9号和2号虽加工工序一样，但2号成本更低。

这是因为，体积小的模具费的损耗负担要比 2 号更小。

零件成本＝材料费＋加工费＋模具损耗费＋包装物流费＋利润。

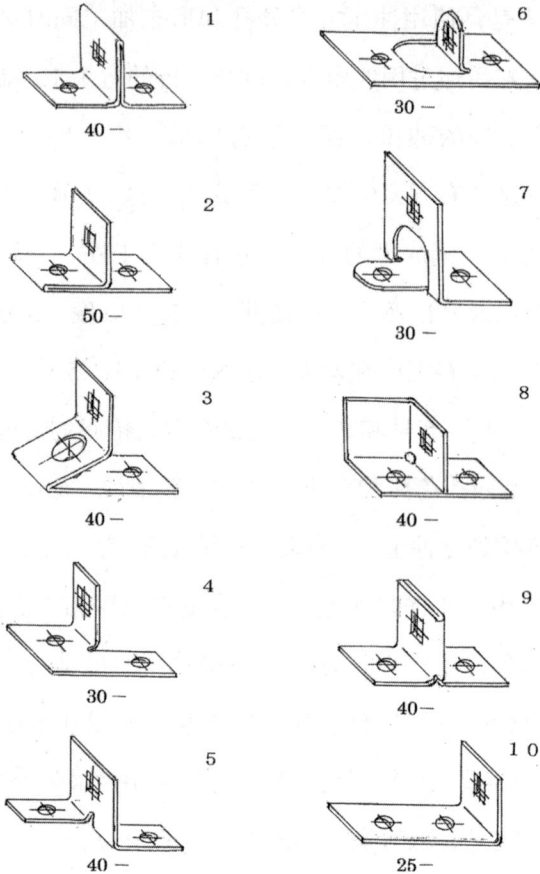

零件减半、成本减半的十个方案

1
40 —

6
30 —

2
50 —

7
30 —

3
40 —

8
40 —

4
30 —

9
40 —

5
40 —

1 0
25 —

开发人员需要具备迅速读懂加工工序及成本的水平。如果做不到这些，就需要在 OJT 的时候互相学习。

实际上，由于配对零件关系等原因，即便像 10 号那种既简单又价廉的款式可行，也不见得就能够原样组装进去。需要将零件周边整体通盘观察，经历多次试行之后方得正解。

想出十种方案的秘诀

为了能够想出像前面那样的很多点子，捷径就是自己平时留意生活中的点点滴滴。不要妄想自己的脑子里突然蹦出什么发现或发明。只要视野朝向广袤的生活空间，正确的答案启示自然而然就会浮现出来。

那么接下来用较易于理解的方式介绍一下实际状态中如何想出方案。首先，请想象一下一个很大的圆形筛子。这个筛子的边缘连着很多呈放射性分布的抽屉。然后，连着这些抽屉的筛子一共堆积了大概五层那么高。

最上面的筛子功能是评价"力量"，第二层是"材料"，然后是"加工""构造"，最下面用来评价"成本"。

把需要解决的课题放在最上面的"力量"筛子上。这样一来，就从筛子周边的抽屉飞出了各种各样评价力量的主意，但只有最能解决问题的主意能通过"力量"筛子，落在第二层的"材料"筛子上。

第二层筛子也是如此，针对"材料"的主意从周围的抽屉里纷纷飞出，能解决问题的主意再次落到下一层筛子上。这样按顺序反复进行，只有通过最下层的"成本"筛子，才是最符合所有条件的最佳解决方案。

但是，实际存在于脑子里的筛子，并不是分为很多层，而是常常只有一层筛子。那唯一的筛子有个硕大的抽屉，需要在瞬间评价出落入筛子中央的课题，找出最佳解决方案。

为了引出良策，经历这样的考虑路径之后，在脑子里产生十个方案后用手绘方式描画出来，然后找出最佳方案。因此，关键点就是要有很多很多抽屉，里面存放着海量可成为解决方案的信息和点子。而OJT的必要性就在于此。

产品制造，常常就是从世间存在的"物品"中，通过"联想和比较"引导出解决方案。并且，这样一来才能趋于稳妥，实现合理化。为什么会是如此！这应该归功于我们的生活，因为大脑就一直在学习着眼睛所见的所有"物品"。

3 开发部门负责人工作内容实录

全权委托开发部门负责人

我从事产品开发将近半个世纪以来，感受最为深刻的事情就是开发部门的负责人完全左右产品开发的成败与否。换句话说所有的产品开发项目，不管是走向成功还是归于失败，基本上都取决于开发部门的负责人。正因为如此，开发部门负责人的工作既刺激又有趣。开发部门的负责人，具体应该做什么样的工作，工作中又应该注意什么，下文中将结合我自身的经验来进行说明。

2000 年春，我被任命为位于茨城县龙崎市的自动售货机事业部的技术部长。自动售货机领域的技术，我当时基本一窍不通，位于关东地区的茨城县对我来说也是人生地不熟。3 月刚到龙崎工厂上任，接下来的 4 月就需要公布新一年度的工作方针。无暇喘息之际整理出来的工作方针中，我毅然将工作的方向瞄准了全新的领域。我之前负责的重建业务，交由以前的部下来负责，我则负责对整体进行统筹规划。

当时管理的员工一共有118人。这118人按照不同产品的功能类别进行纵向分组。具体来说就是按照罐装和瓶装饮料、纸包装饮料、香烟等不同商品的自动售货机的种类，再细分为储藏保存以及出货的"存储出货组"、开发用于加热或冷藏商品的机器的"加温冷却机组"、开发按钮和照明以及操作部分的"电路控制组"、开发自动售货机主体外壳的"框体小组"以及开发售货机门的"机门小组"等。

比如"机门小组"的成员就专门设计罐装瓶装售货机、纸包装售货机以及香烟售货机的各种不同的门，加温冷却机组则负责各种型号售货机的加温和冷藏机器的设计。

但是，这样的分组体制却有可能成为阻碍革新性开发的因素。例如，只负责设计门的小组虽然为了达到零件减半和成本减半的目的而努力，却无法重新研究改进连接门和框体的合叶的构造以确保二者更为适合。而且，如果研究对象需要涵盖所有型号售货机的情况下，只会在工作上和精神上成为设计人员巨大的负担。按照功能来进行分组的组织结构，只适用于创新程度低的课题，例如仅组装各个零件和元件就可以出厂的商品或对应客户订单的情况。

因此，自动售货机重建事业中首先进行的就是组织结构的改革。将原有的以功能分类的组织结构全面改组为以产品进行分类的组织结构，具体划分为罐装瓶装饮料项目组、纸盒装饮料项目组、香烟项目组。同时，将所有与项目有关的事情全权委托给各项目组经理及开发团队负责人。这里所说的全权委托是指为实现开发目标所必须的一切人力、物力、财力、时间以及信息。

尽管如此，全权委托也不是没有任何限制，而是在合理分配开发预算范围内的全权委托。开发费用中最大的一项就是人工费，因为人工费是作为固定费用，通过另外的途径进行管理的。所以实际上分配给开发团队负责人的是不包含人工费在内的开发预算。

开发预算包括试生产零部件的制作、采购和质量考核测试的费用，由开发团队负责人起草《产品开发企划书》来申请用于开发的必要费用。开发团队的负责人根据客户的需求和观察对手公司的动向分别对 Q（质量）、C（成本）、D（日程）设定高要求的目标，来制作《产品开发企划书》。如果企划的内容有可能成为革新事业的大课题，那就可以得到相应规模的开发团队和预算，甚至是更长的开发时间，这样就能刺激开发团队的工作积极性。

通过上述改组，实现了零部件和单元之间的最佳组合，使得品质、成本和日程整体得到了改善。每个部门的负责人也作为管理者，对部下进行教育指导，以提高整个部门的开发能力。当然，他们也负责人事考评的第一级考评权，因为他们也是部下工作的第一责任人。

开发部门的负责人，因为受到全权委托，所以就有一定要完成开发任务的义务和责任。这就是作为负责人的职责，也是完成工作的必要条件，同样也是考验负责人能力之处。

开发部门负责人需要是全能工程师

在医疗系统内，既有循环内科、心脏外科等专业的医生，也有诊治急诊患者的全科医生。在产品制造的世界也是如此，既有只研究专门领域的特殊专业工程师，也有像我这样在多个领域都有涉猎的全能工程师。

以开发产品为职业的开发部门负责人，一般情况下都需要全能工程师。因为大部分的产品都是以机械和电路为主体的各种技术的集合体。如果每一部分都交由专业工程师来进行开发，开发团队的规模会过于臃肿，无益于控制成本。

产品开发人员需要对从事开发的产品相关技术有相当高的专业素养，这是毋庸置疑的。但实际工作中，更需要单独可以完成多种工作的多功能型选手。正如前文所述，我们在进行产品开发的时候，一般会按照每200张图纸配备一名开发人员的比例进行。这一名人员负责的图纸中，就会包含各种技术要素的内容，需要单独进行相关的处理。

通常情况下，进入公司后的十年间需要进行轮岗，以掌握不同产品的功能群。比如动力传输的开发人员，从学习变速器设计开始，还要掌握油压机、方向盘、车身甚至外饰的设计。通过这样的产品开发，自然而然地将设计师培养成全能工程师是最理想的状态。

开发部门的负责人一般都是由进入公司20年左右的人员来担任。当然，即使是年轻人，只要具备负责人的素养和适应性，也可以提前积累作为负责人的经验。

若干年前，在对某大型IT企业进行技术指导结束时，从技术开发的干部那里听到了这样一句话，"我们公司开发部门的退休年龄是33岁"，我对此感到吃惊不已。当然，我明白并不是这个部门有这样的明文规定，但是这应该跟实际情况相去不远。

对这样的说法，我忍不住马上就要当场予以反驳，但是还是抑制住了自己的冲动，只回答了一句"是这样的啊？"确实，这家企业的开发负责人在IT方面有着很专业的技术水平，但是在产品制造方面的基础知识却贫乏到令人无奈。这家企业与家电等企业也在进行人事交流，但都是电气工程和化学工程方面的技术人员，所以我也就理解了为什么他们在研发手机的时候会大伤脑筋。

首先制作"产品开发企划书"

开发部门的负责人，在提出研发革新性产品的企划时，为了更好地激发部下的斗志，需要写好与开发相关的"故事"。具体来说就是"产品开发企划书"，这类产品开发企划书并没有固定的格式和内容要求，这里以我们以往研发革新性产品时实际使用的企划书为例，进行介绍。

我在产品开发企划书中，一般都会围绕以下八个项目展开。

①现有业务的状况和研发机器的定位

②开发的期望与目标

③开发机型概要

④核算目标及降低成本目标

⑤产品性价比提高的印象

⑥开发计划和开发团队成员

⑦并行活动

⑧今后的事业展望与预期

简单讲，就是把企划书想象成电影或话剧的脚本就可以。

①中需要说明业务的现状、销售额和利润，以及与竞争企业之间各自的市场占有率变化，通过图表的形式将过去五年间的数值进行表示。还包括在开发的这一产品投入市场后，今后三年内这些数据的估值变化。

②中则是根据①的现状，以什么样的理念对产品进行开发，对其方向性予以明确。

③对所研发的机型在哪些方面超过现有机型或竞争对手公司的机型，通过图标进行清楚易懂的说明。

④中对核算目标予以明确，并注明为实现这一核算所要实现的降低成本的目标。一般情况下，这一项目通常用两个直方图来进行表示。一个是现有机型的成本情况，另一个是研发机型的成本目标。其中包括零部件的材料费用、加工费用、组装费用、包装费用、运输费用、模具冶具折旧费等浮动部分的费用，在此基础上再加上固定费用和利润，直方图所包含的全部内容就形成了产品的售价。随着开发工作的进行，可以在下方再增加同样内容的第三个直方图，来表示研发机型进一步降低成本的情况。

⑤中的内容是从客户角度看到的新机型性价比提高 35% 以上的数据分析。其中，销售价格降低占 15%，品质提升（包括功能和性能）20%。

⑥中需要按照每三个月为一个周期，标明详细的开发日程、项目组名称和开发团队成员等信息。

⑦是指与制造部门、材料采购部门、营业部门、服务部门甚至总公司经营部门达成共识以获得相应的支持和配合的活动计划。

最后的第⑧项，需要对该研发项目按照计划成功实施后的业务情况进行预计，同时对今后三年内业务的发展和展望进行预估。

①～⑧项的全部内容，整理在 A3 大小的纸张上，尽可能使用表格和图标，将企划书内容归纳为在一分钟内可以大致掌握的内容。

这个与开发相关的"故事"，也是开发部门负责人开始工作的起点。只有做好这个企划书，才能与事业部门、经营部门进行协调和调整，获得开发预算和团队成员，并得到高层的最终批准以开始进行研发。在这个"故事"里，要预见到两年后、三年后的发展情况。

开发部门负责人接受企业高层的委托，对开发项目全权负责，为实现开发目标而竭尽所能。研发项目开始后，因项目不同而各有差异，通常会大约以三个月为一个周期，开展一次说明会就项目的进展情况接受核查，进行开发进度的管理。

说服相关部门的"协调能力"

作为开发部门的负责人，首先需要完成的就是制作"产品开发企划书"。当然，并不是写完了企划书项目就能顺利进行。为了使企划书得到认可，还需要与包括领导层在内的相关部门进行交涉与协调。这就是调动公司内部各个组织的"协调能力"。

在这一方面，我有着各种各样的体验。比如在为实现大幅降低成本的拖拉机的开发项目中，遇到了一个荒谬的束缚政策，那就是产品的主要零部件如轮胎、电池、启动电机等"不得从现有合作公司以外的地方进行采购"。最终，通过打破这一束缚政策，才达到了成本降低 30% 以上的效果。

此外，在一些制造企业中，常会有企业内部规定的设计规格和标准，在我看来，其中大多都属于"无用的固定化"，因为这需要按照市场和行业实际情况的变化迅速做出调整。当然，ISO 国际标准和 JIS 规格，以及基于相关法律规定的安全规格都是必须严格遵守的，对企业内规格的盲目迷信，应该适可而止。

到各个企业的开发现场进行技术指导的时候，我经常会听到对于新研发态度消极的声音，如"这样的做法，在我们公司是不行的""这个方法我们没有用过，所以不能采用""这样的产品不符合我们公司内部的规格"。之所以会出现这样的声音，也可以理解为这些人把现状当作合理状态或者没有改变现状的意识。

而开发部门负责人的使命就是为顾客研发更好的产品，为企业的事业发展做出贡献。能在多大程度上为顾客革新现状，取决于能在多大程度上设计出比竞争对手更为低价优质的产品。为了实现这一目标，就需要做迄今为止没有做过的尝试。如果只会做跟以前同样的工作，那就不能称为开发者，充其量就是"操作工"。产品制造的本质就是集结世间睿智加上自己的智慧来创造出革新性的产品，这也是领先业界、驰名世界的必经之路。

我曾经致力于研发的某一项目，其目标是在一个系列中提交获得200件专利申请，可以说整个系列全部都是从头做起。因为构造和系统都是全新的，所以就需要对质量评价标准进行重新制定，对规格进行增加或新设。严格来说，完全符合公司内部规格的东西，大概只有螺栓、螺母等标准零部件和一般的加工技术及组装技术。因此，所谓的公司内部规格需要在开发新技术的同时对规格进行增加或修改。

另外，还有需要注意的一点就是，在研发新技术的时候，公司内的专门部门容易成为研发的阻力。我也有过类似的经验，曾经在研发创新式廉价 HST（液压式无级变速器）时，受到了来自公司内部液压技术部门的极力反对。因为他们对自己部门的专家们辛苦研制出来的 HST 有着绝对的自信和自负，无法相信像我这样的门外汉可以做到，因此对我们的研发项目极不看好。

最终，他们强调的功能方面和强度方面的不足，也是我经过试制机反复测试确定可以去除的浪费。经过一项一项的测试，他们终于心服口服。越是划时代的开发，有时反而需要从专家固有观念的反方向开始着手才能获得更理想的结果。值得一提的是，HST 到目前已经发展成为一般产业机器被广泛应用到各个领域。

发行"仿一万日元纸币"以推行预算管理

开发部门负责人的一项重要职责就是获得并管理开发预算。

原本，开发部门的负责人从项目之初就会有不安的感觉，因为他们担心只用项目初期设定的开发预算能否实现预定的开发目标。产品开发涉及的都是必须经过实际操作进行验证的技术课题，开发预算有剩余的话就不会有什么问题；但如果超过预算，就会被追究管理责任。因此，大概所有的开发负责人都会抱有同样的想法，就是"尽可能申请到更多的预算"。

根据企业的经营状况，有时就会贴出一张"比上期削减10%"的通告。我的一个惯用方式就是通过额外的"开发特别课题申请"从总公司获得开发的支援预算。从公司获得额外预算支持，对业务部门也是一桩好事，管理人员对此也予以鼓励。

1984年担任拖拉机开发项目的负责人时，我就提交了"开发特别课题申请"，通过演示的形式在审查官的面前陈述了申请理由和开发成果预估。当时很幸运地获得了2 000万日元特别预算支持。

对预算进行有效且不会超支的管理，也是开发部门负责人的工作内容之一。其中我的一个做法，现在回想起来可能会让人觉得幼稚，但是却是行之有效的一个办法。

这个办法就是发行"仿一万日元的纸币"。为了避免有制造假币的嫌疑，对"币面"进行了重新设计，复印成比真实纸币大1.2倍的彩色"纸币"。然后按照预算额制作发行，根据当期的预算值分发给各个部门的负责人。每次采购零部件的时候，再从开发负责人手中按照采购金额对"纸币"予以回收。

这样一来，只要数一数手中剩余的"纸币"，无论是开发人员还是负责人，都可以一目了然地掌握剩余预算的金额，另外也可以促使开发人员有意识地对采购价格进行控制。

在此之前，试验机型零部件的价格都是由试验机型部门的采购人员负责，现在则由开发人员自己通过图纸来对试验费用进行测算，然后与试验机型采购人员进行沟通后采购零部件。通过这一系统的实施，原本经常因为超过预算给其他部门造成困扰的情况得到改善。这样一来，试验机型也可以像量产机型一样进行制作，对提高品质评价也起到了一定的正面作用。

这一系统在之后的数年间一直得以延续，直到我从拖拉机部门转岗至插秧机开发部门后才被废止。现在手头还保存的几张"仿一万日元的纸币"也成了仅有的限量版，每当看到它就会勾起我那个时候的回忆。

开发部门负责人要会传递快乐

按照以往的说法，在产品开发现场工作 10 年以上的人才被称为"独当一面"，进入公司 5 年的人只能算当"半面"，经过 20 年以上的人可以说"独当双面"。这也算是工作中开发能力的一个评定标准。

且不论这个标准是否恰当，但是对于在开发现场工作 10 年以上且有自己部下的开发部门负责人来说，应该在工作的各个环节随处都能感受到产品制造的魅力。作为负责人，也需要将工作的快乐之处传递给部下。

通过以同时体验原则为基础的 OJT 教育来进行模拟体验，此外还可通过"第 3 天检查图纸"（指每隔 3 天检查部下绘制的图纸，与之交换意见或进行指导）来加强与部下的沟通。

开发部门负责人像这样与部下尽量有更多沟通的机会，可以将工作的有趣之处尽可能地予以传递。

近几年来，我每年都会有若干次机会主办面向某大学的经营专业和商学专业大学生的讲座。由我负责 1 节课 90 分钟的讲座，讲义的内容则是与产品制造密切相关。

最初的时候，我也是惴惴不安，突然给完全没有实际经验的学生来讲制造业的事情，我担心他们是否能够理解。后来才发现原来我的担心都不过是杞人忧天，实际上学生们大多对我的讲座反响很好。后来，我还收到了关于讲座的感想，其中大部分学生都说充分感受到了产品制造的有趣和魅力。甚至还有人说，在临近毕业就职前听到讲座，改变了自己对人生的规划。

开发部门负责人，通过对自身工作体验的描绘，给部下甚至自己，都绘制出了全新的梦想。

通过表扬来培养团队

一般来说，在开发现场只有大致的行动原则，而没有细致入微的行动规范。换言之，所谓的开发现场就是开发部门负责人通过自己的想法和创意来为客户的课题提供解决方案。

因此，不管是开发部门负责人的性格如何，都会在现场发现他们基于各自性格的有趣之处。部下在工作的时候，也都是因为感动而工作，而不是被上司强制工作。现场开发部门负责人需要在现场培养独有的个人魅力，来带动现场的工作氛围。

在日本有一句广为人知的名言，"做给他看，说给他听，让他尝试。若不给予赞美，人就不会行动"。对于开发部门负责人来说，这句话在开发活动中用来调动部下的积极性也是极其实用的。

在开发工作中，不是只要集齐了 CAD 就可以制造出好的产品，也不是只要有了经验就一定能提高水平。人都是通过接受教育来进行学习，只有通过学习才能提高水平。在这一过程中，如何提高团队合作水平尤为重要。当然，要想有优秀的团队合作能力，一个前提也是需要负责人拥有优秀的个人能力。

但是，单就个人来说，很容易出现以下的情况：

资质＋经验＋放任＝增加浪费

所以，需要排除个人的放任因素并予以教育。这样就会实现下面的情况：

资质＋经验＋教育＝扩大成果

如果是在团队和集团中，将之前处于无序状态的技能和做法引导至作为一个团体的统一方向，就一定能凝聚为一股强大的力量。

想象一下运动会上的拔河项目，一定会有深刻感受。随着领队的号子声，整个团队的成员一起用力向同一个方向拉绳子，这就是最基本的团队力量的形式。

但是，人这种动物的一个弱点就是，明明知道人的行动都是集体行为，但是却无法按照集体的要求行动，反而更倾向于按照自己的意愿来行动。这就是表扬的重要性，因此开发部门负责人永远不要忘记在培养团队的过程中，表扬的重要性。

确保实现开发目标

需要再次强调的是，开发部门负责人最为重要的课题就是确保开发目标（Q、C、D）的实现。开发目标，绝对不能只作为努力的方向。为了确保开发目标的实现，就需要从前期开始对 QCD 进行严格管理。下文以我操作过的成功项目中实行的前期管理为例，介绍其中的秘诀。首先，最为重要的就是通过"基本构想图"将开发项目负责人的开发方针明确传达给开发团队的成员；其次，通过"第三天检查图纸"来对具体实施的团队成员予以关照，这就是保证开发项目成功的关键之处。

Q 关于品质，确保从客户角度来看比原有机型提升 20% 以上，以售价为标准对功能、性能和质量进行评价的同时进行渐进式的开发。同时，还要实现性价比提升 35% 以上的目标。

C 关于成本，如果将整体的降低成本目标设定为 30%，还需要再加上 5% 的成本浮动预留（CR），在前期管理中将目标设定为 35% 为宜。在我实际开发的某一项目中，在开发结束阶段仍然保留了这一浮动部分，所以进入量产阶段的时候，相当于利润又提高了 5%。

D 关于日程部分，结合"第三天检查图纸"同时进行前期管理。在项目开发中，有很多不实际操作就无法判断的未知部分，所以对日程的把握也非常困难。为了确保日程，一般会在日程计划中加入 20% 的浮动预留。但是，关于日程的浮动预留最好不要在企划书中明确标明，尽量作为开发团队内部的规定来执行。因为如果标明日程中包含预留部分，领导层就会要求压缩开发周期，这一点务必要注意。

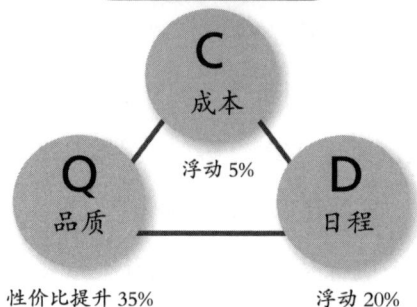

QCD 的前期管理

C
成本

浮动 5%

Q
品质

D
日程

性价比提升 35%　　　　　　浮动 20%

　　QCD 的前期管理，也是为了灵活应对内外各种环境和条件变化的方法。比如，因其他企业推出的新产品而使市场情况出现巨大变化的时候，就需要对开发目标进行修正，以确保企业本业务的利润。如果切实做好前期管理，就可以随时对市场变化和风险做出相应调整以免对企业造成严重影响。

　　等新情况出现后，才开始商讨如何应对的后期管理和"善后处理"，无异于在放任状态下出现了不良后果之后才想方设法进行修补，这是最糟糕的管理方式。所以，产品开发中，务必进行全面的前期管理。

最后一刻仍要绞尽脑汁

　　开发人员还有一项必要的素质，就是不屈不挠的精神。换句话说就是，面对各种课题和难关时能否到最后时刻仍尽最大可能想出新思路。这就需要要负责人对此设定目标，到底应该努力到何种程度。

在"CD100 日元提案""发掘 IP""发掘 PP"等培训方法中，就分别设定了各自的目标。"CD100 日元提案"的指标为两个人负责每台机器 100 日元以上的降低成本提案，"发掘 IP"与"发掘 PP"的指标为在规定期限内每人提出 30 件以上提案。通过这些量化的标准，就可以促使开发人员到最后时刻仍能努力思索降低成本的可能性。

以上数值中，也有小部分仅为努力的目标，但是大部分都应该必须实现。产品研发中，尽量不要出现诸如"尽量多一些""尽量快一些"这样的抽象目标。通过明确、详细的目标，可以激发开发人员的斗志，同时目标实现后的成就感和满足感更值得回味。

但是，其中也会有一些无论倾注多少心血，付出多少努力都无法实现的目标。这时就需要负责人与部下一起进行讨论来找出解决方案。连上司都无法解决的难题，不可以强行推给部下。

第四章

造物的水平仍待提高

1 良好的生产现场孕育良好的技术

日本有很多良好的生产现场

本人在开发的第一线工作了将近半个世纪，这半个世纪以来，在全国范围内进行技术指导的同时，对日本的产品制造也有了自己独有的看法。

有相关人士认为，日本应该将重心从产品制造转向信息产业，或者将人力和财力投向海外开展生产和销售。更有极端的论调认为日本的产品制造已经走向末路。

但是，每当我听到类似的论调，总会深感遗憾。我怀疑持有这些悲观论调的人到底对实际现场有多少了解。在现场，实际上到处都隐藏着产品制造的智慧和技术，这些智慧和技术都是值得下一代来传承的"宝藏"。

其实，我之所以有这样的想法，是因为两年前有幸拜读了东京大学研究生院教授藤本隆宏先生的著作《产品制造带来的凤凰涅槃》（日本经济新闻出版社），这本著作给了我莫大的勇气。

藤本先生常年置身于各种各样的工厂和生产现场，构筑了以生产现场为基础的经营学说和生产管理理论。上述著作即是这一经营学说和生产管理理论的集大成之作。在此基础上，藤本先生还就日本"3·11大地震"后的灾后重建，以产品制造现场为出发点提出了卓有远见的建言。

良好的生产现场在日本随处可见。举官民之力，充分利用这些良好的现场，日本的产品制造尚大有可为。从藤本先生著作的字里行间，我都可以听到这样的声音。

面对日元升值、成本增加这样的大环境下出现的业绩低迷，"日本这个国家已经不适合工厂的存在""这样的环境之下，只能转向海外"的论调日渐甚嚣尘上。

长期以来，日本的生产现场面临重重障碍——即使在附加价值和生产效率方面占有优势，也会因为外汇汇率和高人工成本而导致成本居高不下，最终在商品价格上处于劣势。尽管如此，日本的产品制造仍然突破重重困难坚持下来。首先我们要正确认识日本产品制造的顽强之处。

产品制造的两个方向

藤本先生在著作中，将产品制造的两种类型即"模块型（组装型）"和"整合型（综合型）"进行了对比。对于这两种类型，我的理解如下：

传统日本制造业培养的产品制造，从企划到开发、生产、销售以及售后服务统一进行，从开发手法上来看是将各个精密的零件进行整合以达到紧密衔接的层次，即"整合型（综合型）"。我们在生产现场进行的产品开发采用的就是这样的做法。原本这也是唯一的开发手法。

与此相对，新的手法被称为"模块型（组装型）"，即将承担各个重要功能的零件设计成标准的单元，不对零件之间的整合进行细微调整，实际上通过组合若干个单元来完成产品的制造工艺。这一手法主要用于电脑、手机等 IT 高科技产品的制造。

在家电厂商中，三星可以说是"模块型"产品领域中的领军者。三星从广受用户欢迎的热门产品中提取出一个个的模块，然后将其组合成性能更加先进的新款产品并投入市场，这样一步步地来扩大高科技家电产品的市场份额。

相反，有的企业一味执着于"整合型"产品的开发，使产品制造的所有流程都处于黑箱状态，这样的方式使经营资源过于集中而导致失败。此类企业中最为有名的就是夏普。

孰是孰非，这两家企业现在的经营状况已经给出了明确的答案。但是，这样的问题已经不仅局限于家电行业。

以丰田和本田为首的汽车制造商，依然是依靠精良的产品制造来支撑日本出口产业的代表。即使在汽车制造领域，随着汽油车→混合动力车→电动汽车的不断进化，电动系统所占的比例不断增大，向"模块型"转变的倾向越来越明显。随着汽车搭载自动控制和导航系统等依靠高科技技术支撑的功能不断增加，汽车的生产方式与电脑等 IT 产品越来越相似。

"模块型"趋势不会停止？

显而易见，"模块型"的产品制造成为潮流的一大背景就是世界范围内不断发展的数字技术带来的 IT 化。为了迅速迎合快速发展的信息化社会的需求，相关的生产厂商就不得不将新产品推向市场。在开发竞争中落后的企业，将直接丢失市场份额。

从零开始进行企划，对各个零件进行细致整合来开发产品的"整合型"产品制造，直到将产品投入市场，甚至包括培养技术开发人员所需要的时间在内，远远无法赶上市场的步伐。在经营资源相同的情况下，将资源投入"模块型"产品开发中，可以在短时间内将更多的产品推向市场，从经营者的角度来看，大都会认为这样的经营策略更有成效。

随着"模块型"的产品制造在开发现场不断渗透，这一潮流在世界范围内不断吸引新的企业加入，换言之就是热门产品的寿命不断缩短。由此导致的一个结果就是，IT相关产品的开发竞争将日渐抬头的新兴国家的企业也卷入进来，使得竞争进一步激化。有关人士也预测这一潮流绝对不会后退。

看下电脑、手机、平板电脑等IT相关产品的更新速度，就会有更加切身的感受。比如，购买了某款产品后，觉得刚用习惯，都还没有完全熟练，市场上就已经出现了更新款的产品。实际上完全无法跟得上更新换代的节奏。不过，这也是这类产品无法避开的宿命。

我更倾向于"整合型"

接下来，结合我曾经经历过的工作来对"模块型"产品开发和"整合型"产品开发进行比较。

开发以前不曾有过的、全新的产品时，一开始需要采用

"整合型"的开发方式。比如要采用什么样的设计方向？采用什么样的构造？使用什么样的系统？通过什么样的测试来进行验证？等等，需要进行无数次的整合。

此外，制造部门需要采用什么样的方式来进行生产？营业部门需要如何进行销售？其他服务部门和经营部门也需要和其他关联部门进行密切整合来了解全新的产品。

不管是多么全新的产品，只要推向市场，随着顾客的需求增加，就会有对手企业的产品加入竞争。这样经过几年时间，产品不断得到提升的同时，也容易变成同质化的产品。经过大范围的普及，就会变成像现在的智能手机般的"模块型"。

但是，也不是所有的产品经过岁月的洗礼，必定会变成"模块型"。有的产品很快就会变成"模块型"的产品，也有的产品不管经过多长时间，也很难脱离"整合型"的范畴。后者的典型代表就是汽车制造领域。

迄今为止，我参与开发的产品中，除了手机类的移动产品和多功能打印机以外，大都是"整合型"的产品。在我看来，"整合型"产品开发过程，更能感受产品制造的有趣之处，也更能体现产品的差异化。

与日本风格迥异的外国企业现场

之前，我在美国旧金山、华盛顿以及英国伦敦等地的日系企业也进行现场开发的技术指导。虽说企业是日系企业，但是开发的具体操作人员都是当地职员。虽然不同企业和产品的情况不尽相同，但是现场的工作氛围和课题性上有共通之处。

首先，就是充分强调"个人主义"。也就是说一个产品在由多个人制作的过程中，很容易表现出开发者个人的性格。这是其中一个值得肯定方面，但同时也不可避免的是无法掌握整体平衡的问题。中等规模以上的企业，一般模式都是由开发人员单独在自己的工作室进行开发，感觉就像是大学的研究室。与其说是产品的开发团体，倒更像是在各自老板下属的"专门科室"进行产品的开发。

在这样的工作环境下，即使把详细的建议传达给若干人员，也很难将信息传达给全部人员，也就无法适用我倡议的"同时体验原则"。此外，一般的欧美企业中都会有不同种族的员工，这一点跟日本企业的氛围又有很大差异。

还有另外一个课题就是，一般情况下试生产零部件的订货方都分散在世界各地。因此，从订货到交货的时间相对较长。

而且仅靠附近的供货商无法满足需求，经常会有需要从国外采购零件或在国外进行零部件加工的情况。例如"这个轴承是从日本采购""这个原材料产于中国""这个电装箱产自意大利"，极其简单的零件采购也需要花很长的时间。

关于这一点，如果在日本采购这样的零部件，大都可以通过附近的合作企业或本地制造商来完成。也就是说，日本企业附近有着产品制造的良好基础条件。据说在东大阪、东京大田区的中小型工厂里，没有不能生产的零部件，日本现场的产品制造程度之高可见一斑。

另外，日本产品制造的现场还有着优良的习惯和良好的氛围。现场之间在开发过程中，都会互相考虑对方的想法和心情，这一传统被传承下来。

每当在日本的开发现场提出开发课题的时候，只要一经宣布，大家就会聚到一起，并提出这样那样的想法和建议。

另外，日本开发现场还有一个优势，就是现场有全才。在国外的开发现场，这样的情况极为少见。普遍情况下开发现场都更加注重专业技能。大部分情况下都是由专门人员来负责专门的部分，比如有人专门负责焊接、有人专门负责组装、有人专门负责绘图。工会的影响也很强大，即使本人想做的事情也有很多无法实施。上下级关系划分明确，知道谁是自己的老板，必要时需要通过应酬以顺利推动开发的进展。每次看到这样的情况，我就更加深感日本现场的优越。

正是这样的开发环境，孕育了有利于"整合型"发展壮大的土壤。

充分利用领先世界的技术

在藤本先生所著《产品制造带来的凤凰涅槃》中，藤本先生提出了以下建议：

> 全球化竞争下的市场上，最终分出胜负的归根结底还是依靠各个国家的强项和劣势。所以，即使个别企业一家独大，占据了市场份额，其他企业也无法对其进行模仿，虽然模仿本身也不是上策。
>
> 日本的技术立国至今仍领先世界，构筑其基础的就是"整合型"的产品制造，至今仍在世界上占有绝对优势。因此，应该确立充分利用这一优势、抵消自身弱点的世界战略。从这个意义上来说，绝对不应该出于短期的成本判断而将产品制造的原点即现场转移到海外。而是应该坚持将与日本制造业最为擅长的技

术开发和技术生产相关的产品制造的据点保留在日本，但是按照长期的全球化战略可以将生产据点配置到最为合适的海外地点。

对于藤本先生的认识和建议，我感同身受。不管日本的产品制造陷入何种困境，为了走出困境，唯一的手段就是依靠我们在现场培养的产品制造的诀窍。对此我深信不疑。

日本拥有许多享誉世界的技术，简单罗列如下：包括磁悬浮在内的新干线（快速、安全、准时）、汽车（节能、尾气排放、安全自动制动、燃料电池）、家电（卫浴、电饭锅等细节考虑）、新型材料（碳纤维、蓄电池、发电、可替代贵金属）、IT（通信、控制）、上下水管道（最佳饮料、漏水率、净化槽）、环境（大气、海河湖川净化）、食材（安全、美味、减肥、养殖、菜单样品提供等）、防灾（地震、辐射、海啸、台风）、医疗（再生、诊断、老龄化、机器人、医药、保险）、物流（迅捷、送货上门、安心）、知识产权（专利）等。这些都是在高水准的教育水平和世界首屈一指的安全生活环境中诞生的高水平科技。

日本产品制造技术水平之高，在与其他国家比较的数据中也得到了验证。知识产权的使用费等在国际交易中的"技术贸易收支"，日本仅次于美国，居世界第二位。2012 年，日本的技术贸易顺差达到 2 兆 2 724 亿日元（折合人民币约 1 299 亿元），达到历史最高数字。

过于追求完美

另一方面，日本产品制造的弱点是什么？其实这也是一个非常矛盾的地方，它和产品制造的优势又有着不可分割的关联。在日本，从产品开发最初开始就有着过于追求完美的倾向，因为大家都认同一个默认的规则，就是不能将有任何瑕疵的产品推向市场。

反观亚洲其他国家的产品，就可以发现他们对待产品的态度是：即使产品还有些问题，也可以先将产品推向市场，再针对问题进行后期应对。这既是他们的宽松之处，也可以看作是他们的积极之处。美国的商品也有相似的特点。

若干年前，我在印度尼西亚巴厘岛的机场大厅里遇到了一件令人吃惊的事情。机场内放置了几台自动售货机，每台机器都正常运转，但是每台机器的旁边都站着一名年轻的女性，手里拿着零钱供顾客兑换。自动售货机都是美国产品，里边放满了可口可乐。当然也有可能是因为印尼卢比的纸币面额过小、张数过多，自动售货机无法进行处理。结果自动售货机的功能就只剩下对饮料进行制冷这一项。

在日本，如果自动售货机无法处理零钱，肯定是无法上市销售的。即使客户有购买自动售货机的意向，也需要事先针对客户担心的事情——进行说明，比如零钱如何处理、自动售货机内的商品如何进行操作、机器出现故障时的售后体制等等。像这样过于追求完美，也许正是日本产品制造的弱点。

2 留在日本、回到日本

苹果和通用将生产线搬回美国的原因

2012 年 12 月，一则新闻吸引了我的目光。那是刊登于 12 月 7 日福布斯杂志的一则报道，报道的题目为《苹果、通用工厂回国，美国的未来展望》。

署名查尔斯·费舍曼的记者在这篇报道中称，苹果、通用这些世界闻名的企业决定将原本设于中国的生产线搬回至美国本土。并将其理由归于在不可避免的全球化浪潮中如何确立世界战略的层面进行阐述。

实际上，决定"回归美国"的不只是这两家企业。报道还声称，曾将生产线搬迁至中国的若干家美国企业也开始将工厂搬迁回美国。费舍曼记者将其原因归为以下三点：

①原油价格与 2000 年相比上涨了三倍以上，而美国国内的天然气价格仅为亚洲的四分之一。

②中国的人工费成本大约为 2000 年的五倍，而且预计今后将持续上涨。

③与此相反，人工费在制造成本中所占的比例相对下降。

其中更为引人注目的是，该报道在列举上述理由的基础上，得出了对过去几十年间将生产线移至中国的企业来说，这么做实际上并不划算的结论。

从我这个常年置身于开发一线的人员的角度来看，还有非常重要的一点需要指出。那就是在美国的总部进行设计、市场调研、制造管理，在中国进行生产的国际分工体制，从短期来看似乎符合经济学的逻辑，但是从长期来看，并非如此。

转移生产线的陷阱

接下来是报道引用的苹果和通用之外的某家企业的实例，将生产线搬回美国后，设计负责人和生产负责人通过沟通才发现了产品中的某个缺陷。而以前正是因为开发现场（美国）和生产现场（中国）相隔太远，这个缺陷才会被长期忽视。

报道还声称，因为无论是企业领导层，还是产品企划的负责人，都不知道中国工厂里的生产状况。在这种情况下，实际上企业还要为品质降低、技术泄露以及导致开发能力降低等看不见的成本埋单。

对于报道中引述的产品缺陷的具体情况，也是我比较关注的地方。据报道，是因为产品中有需要安装铜制管线的部位，其构造相当复杂，导致在焊接的时候花费时间特别长。但是，将生产线迁回美国后，设计负责人和生产负责人经过沟通，马上进行了改善。原本在中国需要花十个小时才能组装完成的产品，在美国所需时间缩短到了两个小时。

对于报道中的叙述，我进行了更深层次的思考，为什么产品有缺陷这样的情况会长时期没有得到改善，经营层面上的何种失误导致出现了上述情况？

我想这主要还是因为经营者过拘泥于为股东实现利益最大化这一目的，而无法从长期角度对企业进行经营管理。这样的经营姿态从最终的结果来看，反而是损害股东利益的行为。为了避免出现这样的结果，文中最后阐明企业需要集合各方面的努力来进行经营，制造出给用户带来更满意体验的产品。

可以说，这篇报道的立意，与我的想法完全不谋而合。

当然，这篇报道也有着自己的背景。当时美国的壳牌天然气刚开始大规模进行开采，美国国内预测将会有大量更加廉价的天然气供给市场。从这个意义上来看，也不能简单地将这种关系与中日关系进行套用。

但是，即使不考虑这一因素，报道中所述的一些情况，对一味为了追求廉价的人工费而不断将生产线迁至海外的日本企业来说，都是值得引以为鉴的。

中国的人工费也伴随近年的经济增长而持续上升，从成本方面来看，其优势已不再明显。这样的情况之下，是不是只要顺应社会潮流，将工厂转移到泰国、越南，甚至是柬埔寨、缅甸这样的国家就可以了呢？将市场目标转向这些国家的企业当然是无可厚非的，但是一味追求因为经济发展差距导致的低廉人工费而将生产线向海外转移的做法，是完全无法达到追求性价比的目的的。这也是福布斯的这篇报道告诉我们的一个事实。

中国制造已经不再廉价

在福布斯的这篇报道刊登大概三个月后，2013 年 3 月 11 日的日本经济新闻上登载了名为《中国制造已经不再廉价，让中国生产回归日本是否是正确选择？》的文章。

该报道与美国的苹果公司和通用公司将生产线迁回美国国

内的新闻如出一辙，对几家原本将生产线和采购中心设于中国的日本企业，回迁至日本的经过及其背景进行了介绍。其原因主要是当地的人工成本不断上升导致成本增加，报道中对相关的各种情况也进行了详细的叙述。

作为举世公认的世界工厂，中国由于近年经济飞速增长导致产业结构发生变化。不仅是制造业，第三产业的发展也与发达国家毫无二致，伴随着 IT 化的发展，其规模也不断壮大。因此，以年轻人为主的劳动者更倾向于收入更多的服务业，因此出现了年轻人急剧"脱离制造业"的现象。

为了留住这些劳动者，制造行业不得不提高人工成本。根据报道的观点，劳动者脱离制造业，不仅在 C（成本）方面，而且在确保 Q（质量）方面都给制造业带来了巨大的困难。

另外，在 C（成本）方面，不仅包括人工成本的问题，还需要注意对库存负担方面造成的影响。

例如，某农用机器制造商从中国企业采购了大量用于温室大棚暖风机器锅炉上的罐体。温室大棚的暖风机，如果在严冬期出现故障，温室内的农作物就会一夜之间全部冻死。为了避免出现这种风险，就必须确保只要用户订货就可以马上交付。该制造商因为从中国采购的成本较低，所以可通过罐体的大量库存来确保随时供货。

但是，从中国进口的集装箱最小尺寸是 40 英尺，每批订货量多达 125 个，并且从订货到交货的时间为 120 天。因此，制造商在订货时就需要判断很久之后的预计需求量，这样自然就会出现大量的不良库存。

报道中还例举了另外一家水泵制造商，因为其主要零部件即中国产的发动机的运输时间而导致供应链拖延太久的 D（日程）方面的问题。

该水泵制造商从日本某大型发动机制造商的中国工厂采购发动机，因为生产周期为三个半月，再加上轮船运输需要半个月的时间，从订货到交货的时间至少需要四个月的时间。但是，客户四个月后的需要又是很难预测的，为了应对客户的不时之需，无论如何都需要维持过量的库存。这种尴尬状况与之前的农业机器制造商所面临的情况毫无二致。

这篇报道，通过例举几家日本制造商的实例，揭示了由来已久的"中国生产、中国采购更加划算"这一大前提中，Q（质量）、C（成本）、D（日程）这三个方面已经站不住脚。

一直以来，我都认为产品制造的要点就是"QCD 开发"。而这篇报道的观点与我不谋而合，都是从 QCD 的观点来评价生产线向中国转移的得与失。因此，该报道没有从中国人工成本上升这样简单的认识着眼，而是从 QCD 之间互相影响的全方位原因进行了中肯的分析。

像这样将生产和采购迁回日本国内的企业，只需要在必要的时候生产必要的产品即可，即准时制生产方式。通过对库存调整和灵活的零部件采购来大幅缩短从订货到交货的周期，从而在QCD各个方面对生产体制进行改善。这也是报道所强调的一个方面。

必须留在日本的部门

尽管已经出现了上文所述的发展趋势，但是今后日本产品制造的发展方向仍然不甚明朗。与我工作有业务往来的制造企业中，有的还在做进入中国市场的准备，有的打算进入越南、老挝市场。同时也有打算撤出中国的企业。

当然，我没有可以预言日本经济未来的学识和能力。但是，我想强调的是"绝对不能将产品制造的火种熄灭"。如果是以海外市场为主的企业，进入海外市场也是无法避开的趋势，也无可厚非。但是为了通过汇率差额和降低人工成本来达到核算盈利的目的而进入海外市场的行为，对此我深表疑问。就像我多次强调的，开发现场还沉睡着许多可以改进的宝藏。将这些宝藏变现，才是实现核算盈利的捷径。

即使进入国外市场，也不一定会达到预期目的。因为国外的市场还存在各种各样的风险，如政治体制、宗教问题、民生成熟度、环境问题等都是不可控因素。因此，至少应该将母工厂留在日本。特别是"基础研究部门""产品开发部门"和"负责组装加工的制造部门"这三个部门，即使是规模小，在日本国内至少应该保留一套。

之所以有这样的建议，是因为一旦从产品制造脱离开来，恐怕再也无法让其重新在日本复原。所以，企业应该模仿伊势神宫每 20 年就将正殿和社殿翻新一次的神宫式年迁宫的做法，将产品制造的基本部分留在日本。

与我有业务往来的大公司中，有的就只将经营部门、管理部门和开发部门留在日本，其他部门全部迁至中国。曾经的制造现场，现在变成了宽阔的停车场或满是草坪的绿地。我曾经为了降低开发部门成本而进行技术指导，但是需要传达给开发人员的事情却很难顺利传达。如何进行加工、如何进行组装、如何进行检查，稍微复杂一点的问题都无法当场进行确认。这种时候，我总是非常焦急。

在开发部门中，有这样一种说法，那就是设计现场与可以看到产品实物的研究现场的距离上限不能超过 200 米。如果超过这个距离，就无法每天到样机的组装现场和改造现场进行确认。不到现场确认，只在设计室内闭门造车，必然开发不出优秀的产品。

据说，在关东的机械制造厂，为了保证关键技术不会弱化，部分关键零部件一定会在自己的工厂内进行生产。对此我深表赞同。位于富士山麓的一家世界级企业的创始人曾经跟我说过，"我的企业不会在海外设立工厂，仅在日本就足够了"，话语间充满了自信。

什么样的产品应该在日本生产，什么样的产品需要在海外生产，对于在全球范围内开展业务的跨国企业来说，他们也有着自己的战略考量。孰是孰非，还需要今后进行更加深层次的讨论。

3 开发者要走向亚洲

以市场为导向带来的成果

本田的伊东孝绅社长曾经在采访中说"当今形势下，把在发达国家成功的商品直接拿到新兴国家，已经无法像以前那么畅销了"，为了走出这种困局，"需要准确把握中国、印度等不同国家的需求，制造出能让当地的客户喜欢的车型并进行销售"。

简单地说，就是不能再单纯地制作自己想象中的"优秀商品"，无论自己看来是多么优秀的商品，只要顾客觉得是不划算的产品，就无法打开当地的市场。

同时，我还看到了另外一篇报道。这是刊登于2014年3月11日的日本经济新闻上的一则消息。在印度市场，索尼正与韩国三星和LG电子争夺市场老大的地位。虽然三星和LG都先于索尼进入印度市场，但是自2010年前后，索尼呈现出后来居上的强劲发展势头。

索尼之所以能在印度市场广获好评，其原因之一可以归结给开发了符合印度人喜好的"印度画质"。"印度画质"的特点主要是色彩更加鲜明，画面中红绿蓝各种颜色的界限更加清晰。

之所以开发这样的画质，按照索尼印度公司日籍经理的说法，是因为把日本客户喜爱的优秀画质给印度人看，他们的反应并不是特别理想，于是想到印度客户喜欢的画质是不是与日本市场上受欢迎的画质有着截然的差异。经过市场调查后，最终确定了现在的印度画质。

进入新的市场，将思维转变为符合当地市场的模式，充分理解即使是同样的人类视觉，也会因人种不同而对颜色的喜好有着微妙的差异。正是这样的细节帮助企业拓展了崭新的市场，这也正是开发的基本精髓。

通过亲身体验把握产品形象

我本人一直从事的农业机械行业，向来是市场规模比较小的领域。即使如此，将产品出口到海外时，也必须面临诸如使用者的居住地区的气候如何、用来耕种什么样的土地、种植什么样的作物等诸多问题。换句话说，农业机械行业中，想要制造出全世界通用的热门产品是行不通的。

东南亚国家中大部分都和日本一样以大米为主要农产品，因此也是日本农业机械在世界市场中一块重要阵地，这一点毋庸置疑。但是，在当地实地开展详细的农业现状调查后，就会发现农田的耕种方法和农作物的栽培方法都与日本有很大不同，这也是当地不同的风土气候和饮食文化差异的反映。

比如，同样是拖拉机和插秧机，当地的使用情况就有很大差异。在东南亚国家，如果产品的使用寿命不长，根本就卖不出去。当地人对产品的期望使用时间，大大超过日本正常的使用年限。因此就需要机械操作部位比在日本销售的产品坚固很多。与之相对应，当地客户对产品外观上不够完美的地方却相当宽容。比如在日本，如果产品的螺帽或垫圈裸露在外部的话，绝对会影响产品的评价，即使产品销出去，也很有可能成为被客户投诉的问题。

因此，在将产品推向海外市场前，当地用户的具体需求和使用状况的掌握是必不可少的前期工作。

一般情况下，大多数人可能会觉得这是在市场调研阶段所应做的工作。但是，我想强调的是，更为重要的是产品开发的负责人亲自到当地通过切身体验来掌握用户需要的产品。

通过市场调研也可以得出用户期望产品的各种数据。但是，仅此还是不够的。在此基础上，还需要开发负责人对产品的形象有更为具体的把握，比如在这个国家需要什么样的农业机械，利用公司的技术要制造出什么样的产品。

在对产品形象进行不断深化的同时，还需要考虑将产品的价位设定在何种水平。这时就需要开发者掌握当地农民的收入水平等真实信息。然后再向当地学习如何将商品的当地售价控制在合适的价位。

在日本社会，主要的耐用消费品已经基本普及。所以各厂商在进行市场推广的时候都是朝着推进消费者更新换代的方向努力，不断将新的款式和型号推向市场。但是，在东南亚市场的一个现实情况就是，主要的耐用消费品尚未普及。

整个亚洲消费者有大约 40 亿人之多。其中有很多人一边梦想着今后要买的东西一边在努力工作。从事商品生产的人，首先应该对这样的情况有适度的把握，然后再思考为了实现这些人的梦想应该制造什么样的产品。

学习铃木汽车在印度的成功经验

日本制造业的中引领产品制造发展方向的汽车产业，取得的成果也是有目共睹。日本的汽车制造业，顺应全球化潮流进入国际市场，与世界其他国家的汽车制造商展开激烈的竞争，不仅是开发技术领域，在市场调研、市场战略、营业活动等方面的经验也达到了世界领先水平。

其中，尤为引人注目的就是引领亚洲小型汽车发展方向的大发汽车和铃木汽车两家公司。此外，本田汽车也推出新款车型进入这一领域，目前这三家企业在小型汽车领域形成了三足鼎立的局面。

其中，铃木汽车在亚洲市场，很早就进入了人口数量仅次于中国的印度市场，推出了大众代步工具摩托车，确立了在印度市场的地位。随后又开始开展以小排量汽车为主的小型车的销售，并以印度为中心，向周围亚洲各国市场扩展。据说在印度最有名的日本汽车制造商不是世界第一的丰田汽车，而是铃木汽车。

如果从一开始就设定过于宏伟的目标，竭尽脑汁考虑如何在全球化竞争中取胜、如何扩大全球市场的份额。这样再将日本的产品投入海外市场的时候就会有忽视具体细节的风险。因为世界市场并非是千篇一律的。

IT化的信息产业，以及与之密切相关的金融市场，或许就像网络空间一样遍布整个世界。但是，至少与我们所熟知的产品制造的世界是有所差别的。

铃木汽车之所以能够成功，就是因为切实掌握了印度这个国家民众的实际生活现状，了解他们的收入水平以及他们期望的交通方式等最真实的信息。所以采用了以摩托车为突破口，接下来推出小型汽车的方式，根据收入水平的变化推出能够引导民众需求的产品投放模式，受到了印度社会的认可。

或许在汽车制造行业，有人认为生产以欧美市场为中心并在世界范围内畅销的汽车才更有意义。但是，在争夺亚洲市场方面，铃木汽车的战略更有深刻的现实意义。

深入市场把握商机

生产经营研究所长古畑友三先生将改善制造现场的原则归纳为将原理和原则贯穿于现场、实物和现实之中。

在开发现场，这一原则同样适用。其目的是实现以客户需求为导向的现场开发。换言之，就是将"市场就是上帝"的原则贯穿于整个开发过程。这也是古畑友三先生改善制造现场原则的切实体现。

全球市场的不断扩大，对扩大企业规模是极其有利的。但是，负责开发功能的部门离至关重要的市场太远，就会无法看清市场变化。如果仅靠当地分公司的营业信息和当地调查公司的报告书来进行判断，就会有相当大的风险。我一直以来坚持的观点就是"产品开发必须要确保成功率在 95% 以上才能切实开展"。任何事务中都包含了未知的风险，所以不能把开发当成赌博一样来碰运气。

20 世纪 70 年代，与我业务相关的农业机械业务积极在欧洲和北美市场开展出口业务。当时尚缺乏在海外开展业务的经验，只能在商社的配合下进行市场开拓。亚洲市场则先于欧美市场，在印度尼西亚和缅甸以及中国台湾地区开展业务，但并未形成规模。

我当时也是适应时代潮流，亲自负责开拓北美市场的部分业务。作为开发团队的一员在当地市场进行现场确认，通过亲身见闻和感受体验到耳目一新又令人感动的事情，这对提高日后开发的积极性也起到了很大的作用。我也充分感受到了"百闻不如一见"的现实意义。

因此，对现在的年轻开发人员，我想再次强调"深入市场把握商机"的重要意义。在现场一定会被感动，一定会被刺激出全新的想法。从日本之外的地方换个角度重新审视，一定能更加客观地对日本的优劣进行评价。

正如我反复强调的"开发就是想法的合理化"，需要不断开阔自己的视野，获得更多的信息，将顾客"潜在的需求"合理地用产品来进行表达。通过磨炼关注市场上"微不足道"的课题，也是将自己的大脑重新锻炼升华的途径。

拓展亚洲市场的三个领域

接下来我将要提及的产品，都属于日常生活必须的基本耐久消费品。这些产品并不需要领先世界的最高端的产品制造技术，反而是利用业已普及的普通技术生产的产品群。这也正是亚洲市场上拥有最大消费群体的产品类别。

因此，日本制造业的亚洲战略中，这三个领域也是最有可能成为突破口的存在。

第一个领域就是包括政府间合作在内的官民一体大型项目。以新干线为代表的铁路技术，或者供水系统等基础设施的出口。特别是在铁路领域，日本的技术实力世界一流，受到发达国家和新兴国家的热切关注。在运行速度上，日本的新干线与法国和中国的铁路不分胜负，甚至略输一筹。但是，值得自豪的先进之处在于安全方面的骄人成绩和精确到分的发车抵达时间的应用系统，以及维持管理的综合能力。

日本在供水系统也拥有值得自豪的卓越技术能力。供水系统的海外出口领域，走在前列的是东京都水道局。比如伦敦和巴黎的供水系统，其漏水率在 20% 左右。但是东京供水系统的漏水率只有 3%，仅从这一点就可以窥见日本供水系统技术水平之高。

还有更令人叹为观止的是对水压进行调整的系统。比如在实况直播足球比赛期间，用水的人数大幅度减少的时段就可以降低水压，而中场休息时间则可以调高水压以应对用水人数增加的需求。系统的灵活程度可见一斑。能将管理精确至如此细节的日本供水系统技术，无论在世界的任何角落都可以安然应对。尤其对于水资源和供水系统尚不发达的亚洲和非洲国家，一定能够做出应有的贡献。

第二个领域就是以引领日本产品制造技术走向世界的汽车制造商的市场开拓，从汽油车到混合动力车、电动汽车、燃料电池车，日本的汽车制造商的技术革新也呈现层出不穷的面貌。

作为高度经济增长时代给社会带来的负面影响的一个缩影，日本社会自 20 世纪 60 年代到 70 年代之间，伴随着汽车时代的快速到来，尾气排放严重污染空气，给人们的居住环境造成了极大的危害。在这样的背景之下，各家汽车制造商争先恐后研发尽可能清洁的排放系统和燃油性能更加优良的汽车。最终实现了上述领先世界的环保型汽车开发。

从这一观点来看，日本汽车制造商技术革新的进程，不仅推动了亚洲新兴各国的汽车普及进程，而且还有助于不对环境造成负面影响的条件下实现汽车普及化时代。哪怕只在某一个国家实现这一目标，就可以称之为汽车技术史上的壮举。

接下来的第三个领域是人们日常生活中不可或缺的较为廉价的耐用消费品。正如前文提到过的，最后这一领域的消费者群体人数最多，构成了金字塔的底层。

所以，开发者应该亲自走出去，去了解这些亚洲国家人们的日常生活，了解他们如何使用这些产品。并且用自己的眼睛来看清什么样的产品能用何种水平的价位来进行生产与销售。

只要做到这一点，日本的产品制造在亚洲市场还有无限的市场潜力可供挖掘。

开发现场应有的新姿态

严控成本的重要意义

在前边的正文中，我已经多次进行了详细叙述。通过这本书，我最想表达的就是产品开发这一工作的重要性和吸引力。为了能对日本产品制造的复活起到抛砖引玉的作用，通过总结平时对日本企业开发现场的一些想法和观点，来作为本书的结束语。

本书极力强调了在产品制造中降低成本的重要性。但是，在开发新产品的开始阶段，却不能将降低成本作为首要出发点，而应该优先考虑如何制造出优秀的产品。

所谓优秀的产品，就是将客户所"困扰的因素"和"期望的因素"原原本本地反映在产品之中。另外一个重要的方面就是将客户并没有直接表现出来的"没有声音的反馈"进行具体化的提案型产品的实现。这样的提案型产品中，隐藏着前所未有的事业扩展的可能性。

接下来是与上文相反的事例。

耐用消费品中，接触最多的就是家电产品。这几年，曾经享誉全球的日本顶级企业如索尼、松下在与韩国的三星、LG，甚至中国的海尔等亚洲竞争对手之间的交锋中处于下锋。

出现这样的情况，有许多的原因。其中也有被卷入价格战导致失败的情况。其原因具体来说，是因为电池、冰箱、洗衣机等家电产品在亚洲市场已经相当普及，技术转移也不断进行，日本制造商生产的家电产品与中国、韩国等国制造商生产的产品已无太大区别，甚至某些高科技产品在质量上还要略逊对手一筹。

如此一来，日本的家电制造商必然就被拖进价格战争的泥沼。这对人工费居高不下，高成本体制的日本企业来说，是一个致命的不利因素。日本与亚洲新兴国家之间的收入差距——对于日本国民来说是领先优势，但在价格竞争中反而成了干扰因素。

面对这样的问题，我认为应该对原有的产品和设计图从头进行全面研究，并重新设计以去除其中的浪费，减少一半零部件来实现降低一半成本的目标。通过对产品各个零部件的功能和性能进行重新推敲，同时必然可以将成本压缩到最低。

也就是说，通过重新设计零部件压缩成本，就可以使其与各种功能和性能一起成为产品附加价值的一部分。这样就可以实现降低成本使售价下降，避免因为价格战带来的利润减少。

我坚信，这是日本的制造业在今后面对 40 亿人口的亚洲市场时的基本发展方向。

挑战新的产品领域

国内外的市场环境无时无刻不在发生着变化，彼此之间互相影响使其变化更加复杂多变。这样的市场环境，就要求各制造企业不但要顺应市场潮流，还要主动开拓新市场。因此就必须敢于挑战新的产品领域。

但是，不能掉以轻心的就是必须以已掌握的技术为基础来进行扩展，朝着这个方向来开拓挑战的领域。在日本的泡沫经济时代，有的企业四处扩张，只要是赚钱的行业什么都敢去做，结果导致最后连本业都被败光。

进入新领域的挑战，按照类型不同，可以概括为深挖型业务和空降型业务两种。以现有的业务和技术为基础，进行与之关联领域的开拓称为深挖型业务；如同乘降落伞一样进入与原有技术和市场完全没有任何关系的全新领域则成为空降型业务。

这并不是说原来经营年糕铺的企业只能继续卖年糕。而是说，在挑战新领域的时候，应该选择与原有的产品领域有一定关联的深挖型业务。现有的业务和产品，都有落后于时代的不足之处，但是也有在漫长的发展历程中磨炼而成的长处。虽然自己很难对这一强项有深刻体会，但是想要挑战新的领域就必须充分利用这一强项。

另外还有重要的一点就是挑战新领域不能仅仅停留在喊口号的层面。无论想有何种成果，都不能仅靠三分钟热度。重要的是必须不断更新目标数值，落实业务负责人，将目标传达至所有相关人员。例如，挑战新领域的专门负责人占全体人员的多少比例，开发预算占总预算的百分比，以及目标周期截止的具体时间等等，在确定以上事项的基础上，再由总负责人制订详细的实施计划，并全权委托其开展具体行动。

在开发现场增加女性员工

最近，针对如何充分发挥女性劳动者效率的讨论再次成为焦点，具体到开发现场，增加女性员工的数量也会大大改变工作环境的整体气氛。在我退休后担任社长的久保田机械设计会社，当时全部共计一百多名设计人员中，女性的比例大概占到40%以上。一般来说，与机械相关的开发设计部门，基本上全部都是男性，我刚来公司的时候，也因为女性员工数量之多而感到吃惊。

产品开发时，设计工作中最为重要的图纸绘制工作是一项非常繁琐的工作，尤其是使用 CAD 绘制图纸的工作，就特别需要女性特有的细腻气质。

到公司赴任伊始，我就开始面向全体员工开展"产品制造培训"。每周花 30 分钟的时间进行成本计算指南教育和降低成本技巧教育，前后持续了五年的时间。但是，在制图教育方面则完全没有必要进行指导。因为已获得 1 级制图资格的人员占全部员工的 70%，已获得 2 级制图资格的人员占全部员工的 20%，剩下尚未取得资格的人员都是刚进入公司一两年的新人，人数大约数十人。

半年后，在一系列的"产品制造培训"中我也加入了"CD100日元提案"的内容。在这样的提案中，我完全感觉不到男女员工的差别。与实务相关的产品开发的讨论会中，女性员工也不断提出能够应用于量产的提案。

通过一年50次讨论会预计降低成本的金额可以达到3亿日元，其中有一位连续工作15年的女性员工，仅个人在一年内就实现了降低成本1 760万日元的辉煌成绩。这也充分证明，开发现场也是女性员工展现能力的舞台。

有足够的理由使人相信，增加开发现场女性员工的比例，可以进一步拓宽日本产品制造的广度，从而变得更加强大。

开发人员实行年薪制

我一直坚持一个观点，就是开发人员应该和职业棒球选手一样实行年薪制。那是因为，在开发部门中，个人的力量会在相当大程度上决定最终成果的好坏与否。而开发人员个人对企业事业的贡献程度，可能有着几十倍的差异。

在研发自动售货机的工作中，带来最重大成果的就是货架部（储存饮料产品的装置）从事开发的N君。按照一年的产量计算，他个人实现的成本降低额高达三亿五千万日元。

这一课题的开发，包括试运行测试时间在内共花费了约一年左右的时间。在 N 君本人的创意和努力下，终于开发完成了业内前所未有的新构造。基于 N 君的开发成果，与原有机型相比零件数减少了 54%，组装时间减少了 57%，总成本共计压缩64%。

诸如此类个人的业绩贡献程度，当然会反映在人事部门的业绩考评中。但是，归根结底也只能在人事制度的框架之内给予奖励。

我一直向员工传达的一个信息就是"一天 24 小时都是开发人员的工作时间"。这可能与日本劳动基准法（36 协定）相抵触，但是产品开发人员确实需要不断挑战新事物，不断创造出新成果。如果每天都重复同样的事情，是无法创造出新产品的。

尤其是开发团队的领导者，更需要随时将课题装载在脑海中。无论是下班回家后，还是出去登山、钓鱼的时候，甚至是躺在床上睡觉做梦的时候，都必须考虑工作上的事情。往往这样的时候，更容易得到灵感的闪现。这样的灵感，往往也会成为打开解决问题大门的钥匙。也就是说，开发人员的工作绝不是局限在公司上班的时间内。

我本人不是日本劳动法方面的专家，所以没有资格对工资制度妄加多言。但是，为了使日本的开发能力不断提高，为了调动开发者的积极性，所以在这里呼吁应该对开发人员实行年薪制。

另外还有关于岗位发明的问题。专利就如同授予给开发人员的勋章，但是现在日本专利制度委员会正在对岗位发明制度进行重新审视，即关于企业内部的岗位发明产生的专利权，应该归属企业还是归属开发者个人的争论。

专利法的条文中将企业方称为"使用者"，将与岗位发明有关的从业人员称为"从业者"。作为常年身处开发现场的人员，我坚决主张专利权应该归属于从业者。无论是提高开发人员积极性，还是重振"产品制造立国"的大业，都是不可或缺的。

但是，政府现在似乎对此有所调整，企业研究人员在工作中的发明，即岗位发明的专利权，从现行的由员工持有，朝着改为在申请时由企业持有这一方向进行改变。这样的变化，无异于给培养世界水平开发人员的大环境泼了一盆冷水。

这样一来，日本大学生到海外留学的热情必然锐减。同样，在开发现场也会出现群体性创新意识丧失的后果，最终不利于形成孕育知识产权和专利的大环境。这是我本人最为担忧的地方。

写在结束语之后

正如本书上文所述，想要实现"领先行业，称霸世界"的宏伟目标，就必须构筑相应的开发体制，并花费漫长的时间。比如我在久保田进行的开发课题，就花费了 2~3 年左右的时间。

但是，这 2~3 年的时间也取得了丰硕的成果：对原有的开发模式从根本上进行重新评估，按照"全员体验原则"，从"意识""做法"和"技巧"这"开发三项教育"着手进行，最终使全体员工的意识得到了持续的改变。

最终，全体员工都意识到了"减少一个零部件"、"减少一日元成本""降低一克重量"甚至"减少一秒安装时间"这样的"一原则"的重要性。通过以上教育，员工对微不足道的小课题也开始注意并改进，最终带来了巨大的成果。经过这样的现场教育的过程，员工们也充分体会到了"培训胜过经验"。

在我担任顾问的五年间，每次进入不同的开发现场，都会发现可以转变为"宝藏"的资源在白白浪费。尽管如此，我仍然坚信"制造立国"是支撑日本未来的中流砥柱。通过亲身观察国内外各种各样的开发现场，对多方进行比较，我也屡屡感受到日本制造业整体环境的优越性和尚待挖掘的潜力。

衷心希望本书能够为"日本的产品制造"贡献一份绵薄之力。

最后，向为了出版本书而给予大力支持的日本经济新闻出版社原董事长小林俊太先生表示由衷的谢意。

三木博幸

2014 年 11 月

东方出版社助力中国制造业升级

定价：28.00 元

定价：32.00 元

定价：32.00 元

定价：32.00 元

定价：32.00 元

定价：32.00 元

定价：30.00 元

定价：30.00 元

定价：32.00 元

定价：28.00 元

定价：28.00元

定价：36.00元

定价：30.00元

定价：32.00元

定价：32.00元

定价：32.00元

定价：38.00元

定价：26.00元

定价：36.00元

定价：22.00元

"精益制造" 专家委员会

东方出版社

广州标杆精益企业管理有限公司

標杆精益®
BENCHMARK LEAN

人民东方出版传媒
People's Oriental Publishing & Media
东方出版社
The Oriental Press

"制造业内参" 手机端内容面市

双渠道,让你和世界制造高手智慧同步

1 ｜ 今日头条号:日本制造业内参
每天 10 点,免费获取日本制造业前沿资讯

2 ｜ 微信公号:"制造业来啦"
得到日本制造业内部资讯,专家课程、独家专栏

3 ｜ 日本制造业·大师课

> **已上线课程:**

- 片山和也:
  《日本超精密加工技术》
  10 节课,带你掌握下一代制造业的核心方法论

- 山崎良兵、高野敦、野々村洸:
  《AI 工厂:思维、技术 13 讲》
  学习先进工厂,少走 AI 弯路

> **即将上线课程:**

- 国井良昌:《设计、技术、工艺、研发人员·晋升 12 讲》
  成为技术部主管的 12 套必备系统
- 《AR、MR、VR 的现场开发和应用》
- ……